글 조수연 (호시담심리상담센터)

서울대학교에서 교육 상담 전공으로 박사 학위를 받았습니다. 2006년부터 상담심리사로 활동하고 있으며, 2018년 대학교수로 재직하다가 사람의 마음을 조금 더 가깝게 만나고 싶어 호시담심리상담센터를 시작했습니다. '좋은 시간을 이야기하다: 호시담'을 통해 연구·강의·심리 상담 등을 하고 있으며, 현재 서울대학교 교육학과 강사로도 재직하고 있습니다. 특히 '자존감 발견'이라는 개념을 통해 부모-자녀, 개인, 직장 내 행복을 위한 집필과 방송 활동을 활발하게 하고 있습니다. 펴낸 책으로는 『성격대로 키우는 부모학교』가 있습니다.

블로그: 좋은 시간을 이야기하다(호시담)
오디오 클립: 네이버 조수연의 마음쉼표
호시담심리상담센터: www.hosidampsy.com
당신의 포레스트: www.ur4rest.com

함께 생각을 담은 호시담 사람들

- 조희진 l (주)호시담 상담 사업 본부장
  한성대학교 상담 심리 전공 석사
  한국 MBTI 연구소 일반 강사

- 진정운 l (주)호시담 선임 연구원
  제주대학교 심리 치료 전공 석사

그림 소윤

2016년에 웹툰 『그림자 밟기』를 연재했으며 지금은 <케이툰>, <네이버 시리즈>, <왓챠> 등에서 서비스하며 새로운 작품을 준비하고 있습니다.

❸ 가족 관계

초판 1쇄 발행 2022년 12월 13일
초판 8쇄 발행 2025년 5월 15일

글 조수연(호시담심리상담센터) 그림 소윤

펴낸이 김선식
펴낸곳 다산북스

부사장 김은영
어린이사업부총괄이사 이유남
책임편집 윤보황 **디자인** 이정아 **책임마케터** 김희연
어린이콘텐츠사업2팀장 이지야 **어린이콘텐츠사업2팀** 이정아 윤보황 류지민 박민아
어린이마케팅본부장 최민용 **어린이마케팅1팀** 안호성 이예주 김희연
편집관리팀 조세현 김호주 백설희 **저작권팀** 성민경 이슬 윤제희 **기획마케팅팀** 류승은 박상준
재무관리팀 하미선 임혜정 이슬기 김주영 오지수
인사총무팀 강미숙 이정환 김혜진 황종원
제작관리팀 이소현 김소영 김진경 이지우 황인우
물류관리팀 김형기 김선진 주정훈 양문현 채원석 박재연 이준희 이민운

출판등록 2005년 12월 23일 제313-2005-00277호
주소 경기도 파주시 회동길 490 **전화** 02-704-1724 **팩스** 02-703-2219
다산어린이 카페 cafe.naver.com/dasankids 다산어린이 블로그 blog.naver.com/stdasan
종이 스마일몬스터 **인쇄** 한영문화사 **제본** 대원바인더리 **후가공** 평창피앤지

ISBN 979-11-306-3132-5
　　　 979-11-306-2341-2 77190(세트)

+ 책값은 표지 뒤쪽에 있습니다.
+ 파본은 본사와 구입하신 서점에서 교환해 드립니다.
+ 이 책은 저작권법에 의하여 보호를 받는 저작물이므로 무단 전재와 복제를 금합니다.

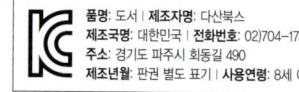

나의 성격을 이해하고 더 멋진 내가 되는

우리들의 MBTI ③

· 가족 관계 ·

글 조수연(호시담심리상담센터) | 그림 소윤

다산
어린이

머리말

MBTI로 서로의 성격을 이해하고
더 멋진 우리가 될 수 있기를

사람에게는 누구에게나 성격이 있어요. 그리고 각자의 성격은 다른 매력을 가지고 있답니다. 그래서 같은 상황에 있더라도 저마다 경험한 것과 성격이 다르기 때문에 서로 다른 생각과 행동을 하게 되지요.

성격의 차이는 자연스럽게 나와 친구, 가족 등 서로에게 영향을 주게 됩니다. 서로에게 새로움을 느끼게 하고 즐거운 시간을 선물하지요. 하지만 때로는 성격이 서로 다르기 때문에 아무리 아끼고 사랑하는 친구나 가족이라도 불편하고 힘든 시간을 보내는 경우가 있어요. 이럴 때 우리의 성격과 모습이 어떻게, 어떤 것이 비슷하고 다른지 이해한다면 모두가 조금 더 행복한 시간을 보낼 수 있지 않을까요?

그런 의미에서 여러분이 쉽고 흥미롭게 나와 가족의 성격을 이해할 수 있도록 이 책에 MBTI 성격 유형에 대한 이야기를 담았습니다. 이 책을 읽고 여러분이 서로의 성격을 이해하고 몰랐던 모습을 재발견하며 더 멋진 우리가 될 수 있기를 응원합니다. 그리고 MBTI가 누군가를 '이런 사람'이라고 고정된 틀 속에 넣어 단정 짓는 것이 아니라, 그동안 다 알지 못한 우리의 순간을 조금 더 이해할 수 있도록 돕는 실마리가 되는 것임을 이해하면 좋겠습니다.

호시담심리상담센터
조수연

✿ 이 책의 특징 ✿

만화
재미있는 만화를 통해 MBTI 성격 유형별 특징을 알고, 나와 가족을 이해할 수 있습니다.

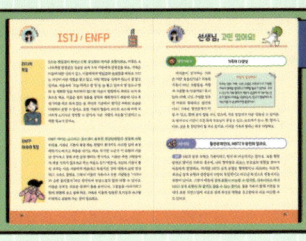

정보
호시담 선생님의 성격 이야기로 MBTI 유형별 성격을 자세히 살펴보고, 호시담 상담실에서 고민을 해결할 수 있습니다.

MBTI 돋보기
만화와 정보에서 읽은 MBTI 성격 유형별 가족 관계와 특징을 한눈에 볼 수 있습니다.

MBTI 포토 카드
귀여운 MBTI 캐릭터 포토 카드 열여섯 장이 들어 있습니다. 나와 친구, 가족의 MBTI 성격 유형을 알아보고, 해당하는 캐릭터에 이름을 적어 보세요. 그리고 함께 이야기를 나눠 보면 잘 알지 못했던 서로의 매력을 느낄 수 있습니다.

차례

유형 네컷
- I & E 12
- S & N 14
- T & F 16
- J & P 18

프롤로그
- 우리 가족 MBTI 20
  - MBTI 성격 유형으로 25
  - 가족 관계를 알아봐요.

1장
- ISTJ 엄마 / ENFP 나 30
  - 호시담 상담실 37
  - 가족의 다양성
  - 고민 : 혈연관계인데, MBTI가 완전히 달라요.

2장
- ISTP 아빠 / ENFJ 나 38
  - 호시담 상담실 45
  - 부모님은 나에게 어떤 존재일까요?
  - 고민 : 나의 고민을 언제 말하면 될까요?

ISFJ 엄마 / ENTP 나 ·················· 46
호시담 상담실 ································· 53
사랑과 잔소리
고민 : 저도 모르게 자꾸 욱해요.

ISFP 오빠 / ENTJ 나 ·················· 54
호시담 상담실 ································· 61
가족의 스킨십
고민 : 제가 컸다고 징그럽대요.

INTJ 할머니 / ESFP 나 ·················· 62
호시담 상담실 ································· 69
말대꾸란 뭘까요?
고민 : 부모님이 자꾸 제 말을 끊어요.

INTP 엄마 / ESFJ 나 ·················· 70
호시담 상담실 ································· 77
부모님의 이별
고민 : 우리 가족 모두 함께 살고 싶어요.

차례

7장 INFJ 언니 / ESTP 나 ·················· 78

호시담 상담실 ·················· 85
가족과 화해하기
고민 : 마음이 덜 풀렸는데, 화해하래요.

8장 INFP 아빠 / ESTJ 나 ·················· 86

호시담 상담실 ·················· 93
성향이 다른 한 팀
고민 : 재미있지 않은 것을 웃으면서 하래요.

9장 ESTJ 누나 / INFP 나 ·················· 94

호시담 상담실 ·················· 101
태어난 순서와 성격
고민 : 먼저 태어났어도 무서울 수 있잖아요.

10장 ESTP 아빠 / INFJ 나 ·················· 102

호시담 상담실 ·················· 109
가정 폭력 신고
고민 : 가족 때문에 힘들 수도 있나요?

11장
ESFJ 할아버지 / INTP 나 ·········· 110
호시담 상담실 ·········· 117
배려하는 마음
고민 : 할머니 할아버지를 고생시켜서 죄송해요.

12장
ESFP 엄마 / INTJ 나 ·········· 118
호시담 상담실 ·········· 125
부모님도 엄마 아빠가 처음
고민 : 왜 부모님은 했던 말을 바꿀까요?

13장
ENTJ 엄마 / ISFP 나 ·········· 126
호시담 상담실 ·········· 133
세상에 가장 든든한 내 편
고민 : 저도 어리지만 힘이 되고 싶어요.

14장
ENTP 형 / ISFJ 나 ·········· 134
호시담 상담실 ·········· 141
말투의 중요성
고민 : 엄마 아빠 말투는 늘 화난 거 같아요.

차례

15장 ENFJ 아빠 / ISTP 나 ······ 142
호시담 상담실 ······ 149
화목한 가정에 관한 생각
고민 : 저 때문에 부모님이 싸우는 것 같아요.

16장 ENFP 엄마 / ISTJ 나 ······ 150
호시담 상담실 ······ 157
새로운 가족 맞이하기
고민 : 다른 가족이 부러워요.

에필로그
사랑하는 가족 ······ 158

MBTI 돋보기
유형별 가족 관계 ······ 164
모아 보기 ······ 168
정식 MBTI 검사 안내 ······ 186

🍀 일러두기 🍀

MBTI 성격 유형이란?

MBTI는 카를 융이라는 유명한 심리학자의 성격 이론을 바탕으로 이사벨 마이어스와 캐서린 브릭스라는 모녀 심리학자가 개발한 성격 유형 검사입니다. 융은 사람이 태어나면서부터 타고난 성격이 있고, 그 성격을 통해 똑같은 상황에서도 서로 좋아하는 것이 다르다고 성격에 대해 설명해요.

MBTI 성격 유형은 각 유형마다 타고난 강점을 활용하고 단점을 보완하면서 성장할 수 있는 방향을 제시해 준답니다. 나의 성격과 가족의 성격을 함께 이해하면서 서로의 매력을 기억하면 더욱 좋을 것 같아요.

MBTI의 선호 지표

MBTI 성격 유형은 아래 그림과 같이 네 가지 기준으로 구분해요. 이 기준을 '선호 지표'라고 불러요. 성격 유형 검사를 통해서 어느 쪽 성향이 더 나타나느냐에 따라서 E혹은 I와 같은 이니셜이 결정되지요.

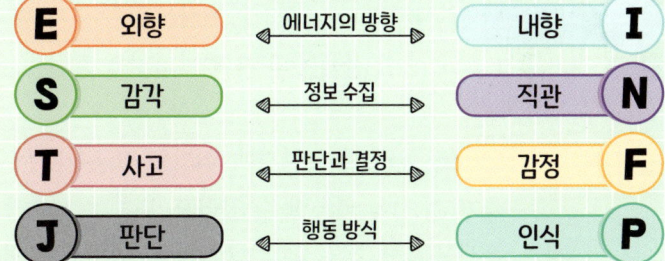

열여섯 가지 MBTI 성격 유형

첫 번째부터 네 번째 자리까지 선호 지표의 이니셜을 순서대로 나열하면 총 열여섯 가지 서로 다른 성격 유형이 나타나요.

| ISTJ | ISTP | ISFJ | ISFP | ESTJ | ESTP | ESFJ | ESFP |
| INTJ | INTP | INFJ | INFP | ENTJ | ENTP | ENFJ | ENFP |

첫 번째 이니셜 I & E

내 마음의 에너지 방향

성격 유형의 첫 번째 자리 이니셜은 내 마음의 공이 통통 튀어 가는 방향, 즉 내가 주의를 기울이는 방향을 의미해요. 나의 내부에 주의를 집중하는 것이 내향형 I, 나의 외부 환경에 주의를 집중하는 것은 외향형 E입니다.

내향형 I의 특징

나의 내면에 주의를 집중하는 것은 단골집에서 조용히 한 가지 음식을 먹는 것에 비유할 수 있어요. 단골집에서는 메뉴를 보고 이것을 시킬지 말지, 인터넷 검색도 해 보며 천천히 정할 수 있죠. 결국 자신만의 공간에서 조용하고 신중하게 활동을 하는 것입니다.

말이나 행동으로, 겉으로 드러나지는 않지만 내면에서는 활발한 활동이 일어나고 있어요. 충분히 생각한 후에 행동하니 말보다는 글 쓰는 것을 편안하게 느끼지요. 자기만의 시간에 집중할 때가 많다 보니 많은 사람과 어울리기보다는 소수의 사람과 어울릴 때 편안함을 느끼고 혼자 사색에 잠기며 에너지를 충전해요.

외향형 E의 특징

반대로 나의 외부 환경에 주의를 집중한다는 것은 뷔페에 가서 음식을 먹는 것에 비유할 수 있어요. 뷔페는 사람들로 북적이고 여러 가지 음식을 내가 직접 골라 담아 와야 하지요. 깊게 고민하기보다 끌리는 대로 우선 담아 와서 먹어요.

나의 외부 환경에 주의를 집중하게 되면 자연스럽게 활동량이 많아지고 친구 관계는 넓어져요. 생각하기 전에 손발이 먼저 앞서 나갑니다. 그러니 표현 방식도 글보다 말이 더 편안하겠지요. 에너지를 소모하는 것 같지만 외향형은 오히려 이렇게 밖으로 에너지를 발산하면서 자신의 에너지를 충전해요.

외출했을 때 유형

I 내향형

으아, 외출은 피곤해….

내일은 집에만 있을래….

#조용함   #나의마음에집중

E 외향형

오늘 너무 재밌었다!

여보세요? 태우야, 내일 나랑 놀래?

#활발함   #외부환경에집중

두 번째 이니셜 S & N

정보를 받아들이는 방식의 차이

성격 유형의 두 번째 자리 이니셜은 대상에 대한 정보를 이해하고 수집하는 방식을 의미해요. 현실에서 눈에 보이는 사실적이고 구체적인 정보를 수집하는 것은 감각형 S, 미래의 가능성에 초점을 맞춰 새로운 큰 그림에 해당하는 정보를 수집하는 것이 직관형 N입니다.

감각형 S의 특징

감각형이 정보를 수집하는 방식은 빽빽한 숲에서 나무를 보는 것에 비유할 수 있어요. 나무 하나하나를 세심하게 관찰하듯이 지금 경험하는 것에 주의를 기울여 구체적인 정보를 수집해요.

예를 들어 빨간 사과 사진을 보고 바로 떠오르는 것을 말해 보라고 하면 '빨갛다', '새콤달콤', '아삭아삭' 같은 느낌 위주로 이야기를 해요. 감각과 연결된 사실적인 정보를 주로 말하지요. 이러한 정보는 보통 경험과 상식을 따르는 게 많아요. 감각형은 꼼꼼하고 철저하게 정보를 수집하고, 단계에 따라 하나씩 처리하지요.

직관형 N의 특징

직관형이 정보를 수집하는 방식은 나무 하나하나를 꼼꼼하게 살피지는 않지만 숲 전체를 보는 것에 비유할 수 있어요. 직관형은 미래나 보이지 않는 가능성 또는 새로운 상상에 관심을 기울입니다. 기존에 해 오던 방식을 지키기보다는 자신만의 생각을 새롭게 만들어 내는 것을 좋아해요.

예를 들어 빨간 사과 사진을 보고 '백설공주', '원숭이 엉덩이', '할아버지가 보내 주신 사과 한 박스' 같은 이야기를 하지요. 사과가 자신에게 갖는 의미, 사과를 보고 떠오르는 다른 사물이나 소재에 관심을 기울이는 것이죠.

공부할 때 유형

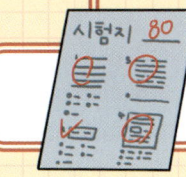

S 감각형

공부 계획부터 세워 볼까?

오늘부터 하루에 5쪽씩 공부하면 딱 맞겠다.

\#사실과경험 \#구체적인정보수집

N 직관형

머엉

투명 인간이 되어서, 시험지를 몰래 가져올 수 있다면 얼마나 좋을까?

\#미래와가능성 \#상상하며정보수집

세 번째 이니셜 T & F

판단을 내리는 기준

성격 유형의 세 번째 자리 이니셜은 결정하거나 판단을 내리는 기준에 따라 구분돼요. 객관적인 사실에 따라 결정하는 것은 사고형 T, 사람들과의 관계나 조화로움을 위한 결정을 하는 것이 감정형 F입니다.

사고형 T의 특징

사고형의 관심 주제는 뜨거운 가슴보다는 차가운 머리, 즉 객관적인 진실입니다. 옳고 그름, 원인에 따른 결과 등이 원리와 원칙대로 공정하게 진행되는지가 사고형의 시선이랍니다. 중요한 것의 판단 기준이에요. 내가 뭔가를 선택하거나 결정할 때 객관적인 논리와 근거가 중요하죠. 말로 설명할 때도 사실 위주의 설명을 선호합니다.

따라서 친구의 의견이나 어떤 사물을 관찰할 때도 그것에 대한 사실이나 오류를 콕 집어냅니다. 어려운 문제나 갈등이 있는 상황에서는 차분하게 관찰자로서 이 문제의 원인이 무엇이며 어떻게 해결해야 하는지를 잘 제시하지요.

감정형 F의 특징

감정형의 관심 주제는 차가운 머리보다는 뜨거운 가슴, 즉 따뜻한 관계와 조화입니다. 객관적인 옳고 그름보다는 나의 마음에서 좋냐, 나쁘냐가 중요한 기준이 됩니다. 내가 뭔가를 선택하거나 결정할 때 지금 일어난 상황에 집중하죠. 말할 때에도 친구의 기분을 배려해 칭찬이나 감사 등 따뜻하고 친밀한 마음을 아낌없이 표현해요.

따라서 친구의 의견이나 어떤 사물을 관찰할 때도 머리로 분석하기보다는 가슴으로 느끼고, 그것이 나에게 주는 의미를 떠올립니다. 평가보다는 공감을 잘하며, 이러한 공감을 바탕으로 문제나 갈등 상황에서는 감정을 쉽게 이입하여 마치 그 문제의 당사자처럼 반응합니다.

대화할 때 유형

T 사고형

#원리원칙 #사실적인판단

F 감정형

#따뜻한마음 #조화로운판단

네 번째 이니셜 J & P

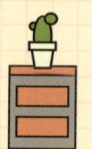

행동하는 방식

성격 유형의 네 번째 자리 이니셜은 일상생활에서 나타나는 나의 행동 방식에 따라 구분됩니다. 뚜렷한 목적 아래서 빠르게 결정하며 행동하는 것은 판단형 J, 느긋하게 과정을 즐기며 경험하는 것은 인식형 P입니다.

판단형 J의 특징

판단형은 일주일 정도 여행을 간다면 목적지를 미리 정하고 여행 계획을 꼼꼼하게 세워 출발하는 편입니다. 판단형은 나의 생활 방식에 대해 계획과 순서를 정하는 것을 좋아합니다. '정리 정돈과 계획파'이죠. 공부나 숙제와 같은 일을 할 때 정확한 마감일을 세우고 계획적으로 하는 편입니다.

예를 들면 오늘은 순서대로 A를 마무리하고, 이번 주는 B를 마무리하고, 다음 주부터 C를 시작해요. 뚜렷한 목표와 방향성을 갖고 행동하는 편이며 자신의 상황을 관리하고 주도하는 것을 편안해 한다고 볼 수 있습니다.

인식형 P의 특징

인식형이 여행을 간다면 목적지를 미리 정하기보다는 그날의 기분에 따라 내키는 대로 발걸음을 옮기는 것을 좋아합니다. 다음 목적지를 생각해 두고 있지 않더라도 그다지 초조해하지 않아요. 현재의 풍경, 음식, 분위기가 마음에 든다면 굳이 다음 목적지에 가지 않기도 해요. '목적 없는 탐험'을 즐기는 유형이죠.

인식형에게 계획이란 그때그때 상황에 따라 얼마든지 바뀔 수 있는 것입니다. 오늘 한 일의 백 퍼센트를 다 마치지 못하고 오십 퍼센트에서 그치더라도 그 과정 자체를 충분히 즐거워합니다. A, B, C 순서대로 하지 않고 B나 C부터 기분에 따라 시작해요.

길 갈 때 유형

우리 가족 MBTI

프롤로그

안녕하세요. 저는 세아예요.

안녕~

오늘 아침부터 엄마에게 잔소리를 들어서 속상하고 기분이 좋지 않아요.

MBTI 성격 유형으로 가족 관계를 알아봐요.

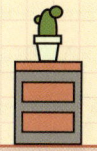

가족이라는 환경

가족은 사람이 태어나서 처음으로 맺는 관계예요. 또, 나를 가장 소중하게 생각해 주는 사람들이라고 할 수 있어요. 그렇기에 우리는 가족을 특별하고 중요한 존재로 느끼게 돼요. 그런 소중한 가족의 말 한마디, 행동 하나하나는 가족 구성원의 자아 형성에 큰 영향을 주게 되지요. 자아란, 나의 생각과 감정, 행동 등을 형성하는 '나 자신'이에요. 결국 가족은 '나'를 형성하는 중요한 환경이기도 합니다.

   가족은 서로 소중한 존재이지만, 늘 곁에 있기 때문에 서로가 얼마나 소중한지 잊어버리고 배려하지 못하는 상황이 생기기도 해요. 이럴 때 MBTI 성격 유형을 통해 가족을 이해하면, 서로에게 날카로웠던 지점들을 생각보다 쉽게 해결할 수 있어요.

MBTI와 가족 관계

정리 정돈을 잘하고, 시간 약속을 중요하게 여기는 엄마는 가족에게 어떤 환경을 제공할까요? 즉흥적이며 공감을 잘하는 아빠는 가족에게 어떤 영향을 줄까요? 또, 사교적이고 즐거움이 중요한 나는 가족 안에서 무엇을 경험하며 성장할까요?

   MBTI 성격 유형으로 나와 가족 구성원의 차이점을 생각하면, 서로의 말과 행동을 이해하고 존중할 수 있어요. 다만, 꼭 기억해 주세요. MBTI 성격 특성은 가족의 모든 모습을 다 설명할 수 없어요. 그러니 절대 성격 유형으로만 상대방을 다 안다고 생각하지 않아야 해요.

세아 엄마
ISTJ
언제나 한결같은 태도로 안정감을 주는 성실함의 아이콘이에요.

경수 아빠
ISTP
어떤 상황에서도 유연하게 대처하는 조용하고 든든한 관찰자예요.

민재 할머니
INTJ
논리적이고 성실한 태도로 가족을 이끄는 듬직한 조력자예요.

은정 엄마
INTP
엄격한 규칙보다 자유로운 분위기를 이끄는 탐구자예요.

준혁 엄마

ISFJ

세심하게 주변을 돌보며 따뜻함을
나누는 보살핌의 귀재예요.

여진 오빠

ISFP

사람들을 존중하고 배려하며
모든 것을 아낌없이 주는 천사예요.

지현 언니

INFJ

공감을 잘하고 상상력이 풍부하며
넓은 시야를 가진 성장의 길잡이예요.

민수 아빠

INFP

사람들의 매력을 섬세하게 알아보며
속이 깊은 예술적인 몽상가예요.

태우 누나

ESTJ

계획 능력과 추진력이 뛰어난
모범적인 관리자예요.

선미 아빠

ESTP

게임하듯 삶을 즐기고
열정적으로 행동하는 모험가예요.

하영 엄마

ENTJ

당당하고 정의로우며 리더십이
뛰어난 문제 해결사예요.

수현 형

ENTP

자기 생각이 뚜렷하고 적극적인
카리스마가 넘치는 탐험가예요.

현욱 할아버지
ESFJ
가족의 몸과 마음을 보살피는 것이
최우선인 가족바라기예요.

장우 엄마
ESFP
적극적이고 사교적인 매력을 발휘해
넓은 세상으로 이끄는 안내자예요.

하람 아빠
ENFJ
말솜씨가 좋고 효율적으로
행동하는 슈퍼맘, 슈퍼대디예요.

정화 엄마
ENFP
친구처럼 편안하고 자유로운 매력을
가진 순수한 영혼의 결정체예요.

안녕하세요. 저는 세아 엄마입니다.

제 딸 세아는 순수하고 자유로운 모습을 자주 보여 주는 아이예요.

세아 너무 예쁘다~

세아는 친구랑 있었던 이야기를 말하는 것을 좋아해요.

이런 세아를 보고 있으면 하루의 피로가 싹 날아가는 기분이지요.

세아는 활발한 만큼 행동이 앞서서, 먼저 해야 할 일을 잘 잊는 편이에요. 그래서 해야 할 일을 여러 번 알려 주게 돼요.

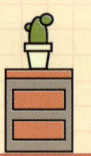

ISTJ / ENFP

ISTJ의 특징

ISTJ는 책임감이 뛰어난 근면 성실함의 아이콘 유형이에요. 이들은 언제나 한결같은 모습을 보여 주며 가족에게 안정감을 줘요. 가족은 이들에 대한 신뢰가 깊고, 이들에게서 책임감과 꼼꼼함을 배워요. 이 유형은 자신이 어떤 역할을 맡고 있고, 어떤 책임을 다해야 하는지 잘 알고 있어요. 마음속에 '오늘 하려고 한 일'을 늘 품고 있어서 방 청소나 빨래 등 계획한 일을 처리하지 않으면 마음이 찜찜해서 제대로 쉬지 못하기도 해요.

이들은 정리 정돈을 잘하며 계획적이기 때문에 식사 후 설거지를 바로 하지 않는 등 자신의 기준에서 벗어난 가족의 모습을 이해하지 못할 수 있어요. 또한 가족의 행동이 자신의 속도에 비해 지나치게 느리다고 생각할 수 있어서, 다른 사람의 속도를 인정하고 기다리는 노력을 할 필요가 있어요.

ENFP 아이의 특징

ENFP 아이는 순수하고 감수성이 풍부한 천진난만함의 결정체 유형이에요. 이들은 기분이 좋을 때는 한없이 좋다가도 사소한 일에 속상해하거나 삐지고 짜증을 내기도 해요. 하지만 누군가 이 유형의 기분을 알아채고 달래 주면 금방 풀리는 편이에요. 이들은 주변 사람들에게 폐를 끼치지 않으려고 하는 마음도 있기 때문에, 자신의 기분이 풀린 후에는 다른 사람에게 짜증내고 투덜거린 것에 대해서 금방 반성하고 사과도 잘해요. 그래서 이들의 가족이나 주변 사람들은 '이러다가 금방 풀리겠지.'라고 생각하며 부담스럽지 않게 대할 수 있어요.

이들은 언제든 새로운 생각이 퐁퐁 솟아나서, 그것들을 이야기하고 함께 체험해 보고 싶어 해요. 가족은 이들의 엉뚱한 호기심과 욕구를 이해하고 응원해 주는 것이 필요해요.

선생님, 고민 있어요!

생각 키우기 — 가족의 다양성

여러분이 생각하는 가족은 어떤 모습인가요? 가족과 가족이 아닌 사람들을 어떻게 구분할까요? 혹시 엄마, 아빠, 나로 구성된 경우만 가족의 형태라고 생각하나요?

> **이렇게 생각해요!**
> 우리는 엄마, 아빠, 나로 구성된 가족보다 더 다양한 가족의 형태를 생각하고 이해할 필요가 있어요. 그러니 친구의 가족 형태가 어떤지 궁금해하기보다는 친구가 얼마나 가족을 사랑하는지, 친구가 행복하게 지내는지를 더 궁금해하면 좋겠어요!

가족은 혈연관계가 아닐 수 있고, 함께 살지 않을 수도 있으며, 서로 생김새가 다른 인종일 수 있어요. 또 태어나서 시간이 흐른 뒤에 부모님이 생길 수 있고, 보호자가 언니, 형, 할머니, 이모, 삼촌 등 친인척이 될 수도 있지요. 이처럼 가족의 형태는 매우 다양해요.

고민 상담 — 혈연관계인데, MBTI가 완전히 달라요.

답변 MBTI 성격 유형은 가족이라고 해서 꼭 비슷하지는 않아요. 보통 혈연관계로 맺어진 가족의 경우에, 나의 혈액형과 외모는 부모님의 영향을 받아서 비슷하게 결정돼요. 하지만 MBTI 성격 유형은 혈액형이나 외모와는 다르게, 부모님 성격 유형과 상관없이 나만의 독립적이고 타고난 특성으로 만들어지는 측면이 있어요. 그렇기 때문에 성격 유형이 비슷할 수 있지만, 가족이라고 해서 MBTI 성격 유형이 꼭 같지는 않을 수 있지요.

물론 가족이 함께 시간을 보내다 보면 자연스럽게 서로의 성격 특성은 영향을 주고받아서 서로 비슷할 수도 있어요.

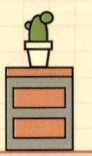

ISTP / ENFJ

ISTP의 특징

ISTP는 조용하면서도 든든한 관찰자 유형이에요. 이들은 어떤 돌발 상황에도 유연한 생각으로 침착하게 문제를 해결해 나가는 듬직함이 있어요. 그리고 가족의 행동에 조바심 내지 않고 부담을 주지 않는 쿨하고 독립적인 특성을 보여요. 이들은 가족의 일이라도 쉽게 나서서 조언하기보다 뒤에서 조용히 지켜보며 상대방이 스스로 깨닫고 생각할 수 있도록 지켜보는 편이에요. 그렇지만 가족이 많이 힘들어하거나 위험에 처할 때는 적극적으로 도와줘요.

이들은 온화하고 지적인 매력이 있지만, 감정을 부드럽게 표현하거나 주변 사람들의 감정을 알아주는 데에는 서툰 편이라서 '네 생각하면서 사 왔어.'라고 말하고 싶어도 선물을 말없이 건네고는 해요. 그래서 이들은 쑥스럽더라도 자신의 마음을 가족에게 조금 더 표현하는 노력을 할 필요가 있어요.

ENFJ 아이의 특징

ENFJ 아이는 열정적이고 다른 사람에게 관심이 많은 감성파 유형이에요. 이들은 사람의 기분에 민감하다보니 다른 사람의 상황에 과하게 감정 이입을 해서 자신이 해결해 주려고 해요. 주변 사람들은 이들의 행동이 따뜻한 마음 때문이라는 것을 알기에 오지랖이라고 생각하지 않고 고마움을 느끼는 경우가 많아요.

사람을 좋아하고 마음이 여려서, 다른 사람들이 이들을 비난하려는 마음이 없었더라도 "방 청소를 왜 안 하니?"라고 약간 핀잔 섞인 말을 하면, 이 말을 크게 받아들이고 상처를 받아요. 그래서 이들에게는 "바빠도 방 청소를 하면 좋겠어."라고 탓하지 않으며 뜻을 전하는 편이 좋아요. 또한 매사에 맡은 일을 완벽하게 해내려고 하기 때문에, 혹시 가족들은 이들이 무리하고 있는 건 아닌지 신경 써서 관찰할 필요가 있어요.

선생님, 고민 있어요!

 생각 키우기 　　　　**부모님은 나에게 어떤 존재일까요?**

부모님은 때로 엄격하고 무서운 존재이기도 해요. 그렇지만 내가 힘들고 지칠 때는 나를 바라봐 주고 도와주며 아낌없이 사랑을 주는 믿음직스러운 존재예요.

　부모님은 완벽한 존재가 아니지만, 언제나 최선을 다해서 나에게 좋은 부모님이 되어 주려고 노력하며 사랑을 주는 소중한 존재임에는 분명해요. 여러분도 부모님이나 가족에게 소중한 마음을 자주 표현하면 어떨까요?

가족에게 소중한 마음 전하는 방법
① 누가 시키지 않아도 내가 할 일 하기
② '감사해요/고마워, 사랑해요/사랑해, 죄송해요/미안해' 말하기
③ 약속한 것을 지키며 싫어하는 것 하지 않기
④ 필요한 것은 없는지 살피며 양보하기

 고민 상담 　　　　**나의 고민을 언제 말하면 될까요?**

답변 　여러분은 고민이 생기면 누구에게 어떻게 털어놓고 있나요? 가족에게 고민을 털어놓으면, 가족이 슬퍼하거나 걱정할까 봐 나의 고민을 선뜻 말하기 어려울 때가 있어요. 때로는 내 고민에 공감해 주지 않거나, 고민하고 있는 나를 이해하지 못할까 봐 털어놓지 못하기도 하죠.

　고민을 혼자서 생각하고 해결 방법을 찾아볼 수도 있겠지만, 가족에게 공유해서 더 많은 지혜를 모으는 방법을 추천하고 싶어요. 고민을 말하는 것은 부끄러운 것이 아니에요.

고민을 말하기 좋은 때
① 저녁 식사를 마친 후
② 시간 여유가 있는 주말
③ 서로 바라보며 이야기 할 수 있는 공간에 있을 때

조잘조잘 말도 잘하고, 호기심도 왕성하죠.

이 책은 만화 아니니까 괜찮죠?
영리하면서 장난기가 참 많기도 해요.

안 돼~ 비슷한 거 집에 있잖아. 절반도 안 했으면서?

그런데 요즘 준혁이가 사춘기인지….

제 말을 도통 듣지 않아요.
준.혁.아.

준혁이에게 화를 내고 싶지 않은데, 제 말을 도통 듣지 않아서 너무 속상하고 예민해집니다.

ISFJ / ENTP

ISFJ의 특징

ISFJ는 주변 사람에게 자신의 감정을 잘 나누는 세심한 보살핌의 귀재 유형이에요. 이들은 상대방이 원하는 게 있으면 재빨리 알아채고 제공하며, 평범한 대화도 흘려듣지 않고 기억했다가 상대방이 즐거웠다고 말한 것을 함께 즐겨요. 이들은 가족 안에서 부모나 자녀의 역할을 선명하게 구분해요. 또한 계획과 규칙을 만들어 가족에게 든든함과 안정감을 줘요.

이 유형의 부모는 온 에너지를 집중해서 아이에게 헌신하는 만큼 스스로 아이를 돌보는 것에 대해 '~해야 한다'는 의무감을 강하게 느끼며 행동해요. 그래서 아이가 이들의 헌신을 '내 말과 행동에 일일이 반응해서 숨 막혀.'라고 답답하게 느끼는 경우가 있을 수 있어요. 따라서 이들은 스스로의 책임감과 의무감에서 조금 벗어나서 다른 즐거운 일을 찾을 필요가 있어요.

ENTP 아이의 특징

ENTP 아이는 독창성 넘치는 골목대장 유형이에요. 이들은 상상력이 뛰어나고 자기주장이 뚜렷해서 카리스마가 넘쳐요. 뭔가 생각이 나면 일단 몸을 움직이며 생각하기 때문에 활발하고 눈에 띄는 편이에요. 당당하게 행동해서 듬직해 보이지만, 마음은 여린 편이에요.

이들은 부모님과 주변 사람에게 좋은 사람이 되고 싶어 하고, 그러기 위해 자신의 방식으로 열심히 노력해요. 그렇지만 결과가 만족스럽지 않을 때는 부끄러움이나 속상한 마음을 감추기 위해서 더 큰 행동과 목소리로 표현하기도 해요. 그래서 주변에서는 이들의 마음을 조심스레 살필 필요가 있어요. 또한 이들은 자유로우며 자신의 생각에 자신이 있어요. 이들에게 규칙을 너무 강요하지 말고 유연하게 의견을 조율하는 것이 좋아요.

선생님, 고민 있어요!

 생각 키우기 — **사랑과 잔소리**

잔소리는 필요 이상으로 듣기 싫게 꾸짖거나 참견하는 것을 말해요. 가족은 나를 사랑한다면서 왜 잔소리를 하며 나를 힘들게 할까요? 잔소리는 가족이 나를 걱정하고 염려하면서, 조바심이 드는 마음에서 우러나오는 말과 행동이 대부분이에요. 더 좋은 방법을 알려주고 싶고, 덜 고생했으면 하는 마음이 앞서서, 필요 이상의 말들을 잔소리로 하게 되는 것이죠. 그러니 가족의 잔소리를 나를 억압하는 말이라고 단정하지는 않았으면 해요.

하지만 그 잔소리 때문에 내가 너무 힘들다면, 그건 그 사람이 잘못된 방식으로 잔소리를 하고 있는 것이기도 해요. 그럴 때는 나의 힘든 마음을 대화나 편지로 솔직하게 전달해 보면 좋겠어요.

 **고민 상담** — **저도 모르게 자꾸 욱해요.**

답변 가족은 곁에서 다양한 시간을 함께하기 때문에, 나도 잘 알지 못하는 사이에 가족에게 섭섭하고 억울한 마음이 쌓일 수 있어요. 그러면 특별한 상황이 아닌데도 갑작스럽게 화가 나고, 그 화를 참기 어려워져서 소리를 지르거나 울게 되기도 하는 것 같아요. 그렇지만 욱하고 나면 가족에게 미안해지고, 별일 아닌 것에 흥분한 것 같아 부끄럽기도 하지요.

어쩌면 자꾸 욱하는 것은, 이런 모습을 가족에게 보여도 가족은 나를 떠나지 않을 거라는 믿음이 있어서, 감정을 쉽게 표현하고 있는 것인지도 몰라요.

> **격한 마음이 들 때는 이렇게**
> 먼저 딱 1분만 눈을 감고 코로 숨을 들이쉬고, 입으로 숨을 내뱉어 보세요. 천천히 숨을 쉬면서 나의 속상한 마음, 진짜 하고 싶은 말을 정리해 보면 좋겠어요.

저는 여진이 오빠입니다.

오빠! 엄마가 밥 먹으래.

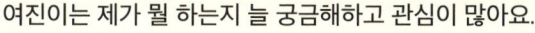

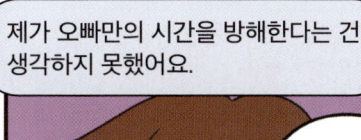

ISFP / ENTJ

ISFP의 특징

ISFP는 사람들에게 모든 것을 아낌없이 주는 천사 같은 유형이에요. 이들은 세심한 표정, 행동 그 자체로 따뜻한 마음을 전하는 상냥함이 가득하고 사람들을 잘 돌봐요. 겉으로는 수줍어 보이지만, 마음속에는 예술적인 낭만이 가득해요. 이 유형은 자신의 의견을 다른 사람에게 내세우거나 강요하지 않는 편이라서 사람들의 의견을 잘 따라요. 그래서 "싫어." 혹은 "안 돼."라고 말하는 것을 어려워하기도 해요. 또한 자신이 불편하더라도 말하지 않고 무조건 들어주지요.

이들은 자신의 생각을 때로는 솔직하게 말하는 노력과 연습이 필요해요. 그리고 이들이 다른 사람에게 상냥하고 공감해 주는 것처럼 자신에게도 "그럴 수 있어. 괜찮아."하며 자신을 너그럽게 토닥여 주는 것이 좋아요.

ENTJ 아이의 특징

ENTJ 아이는 원칙에 충실하고 당당한 타고난 리더 유형이에요. 이들은 목표를 세우고 거침없이 밀고 나가는 카리스마가 있어요. 또한 공정하지 못한 일에 맞서는 용기가 있고 씩씩하지요. 이 유형은 원칙을 지키는 것과 공평한 것을 중요하게 생각하기 때문에 어른들이 시키는 일이라고 해도 논리적이지 않거나 공정하지 않다고 생각하면 따지기도 해요.

이들은 스스로 판단하고 행동하는 것을 좋아해서, 부모님의 도움을 받는 것을 불편해 할 수도 있어요. 예를 들어, 부모님은 이 유형의 아이가 4시에 숙제를 하고 6시에는 밥을 먹기를 바라지만, 이들에게는 자신이 생각하고 정한 일정이 있을 수 있어요. 그러니 가족들은 이들의 생각을 존중하는 것이 필요해요. 그래서 주변 사람들은 이들의 행동을 구속하기보다는 모든 것을 믿고 맡긴 후 상황을 살피는 편이 좋을 때도 있어요.

선생님, 고민 있어요!

 생각 키우기   **가족의 스킨십**

가족 관계에서 손을 잡거나 안아 주며 뽀뽀를 하는 스킨십은 서로 소중하고 사랑하는 마음을 표현하는 방법이에요. 또한 어렸을 때부터 이루어지는 자연스러운 행동이기도 해요. 그렇지만 가족 관계에서의 스킨십은 가족 구성원의 몸과 마음의 성장에 따라 변화할 필요가 있어요.

예전에는 머리를 쓰다듬거나 등을 토닥여 주는 스킨십이 응원과 격려로 느껴져서 힘이 되었지만, 몸이 성장하거나 특별히 이유 없이 어느 순간 스킨십이 불편한 느낌으로 다가올 수도 있어요. 이럴 때는 가족과 스킨십에 관해서 편안하게 대화하고 서로의 기분을 살피면서 서로가 따뜻해지고 힘이 되는 다른 표현 방법을 찾는 것이 꼭 필요해요.

 고민 상담   **제가 컸다고 징그럽대요.**

답변 부모님은 여러분의 신체가 쑥쑥 성장하는 모습을 보면서 '건강하게 자라고 있구나.' 생각하며 매우 기쁘고 듬직한 기분을 느껴요. 그리고 어느새 부모님보다 훌쩍 키가 자라거나 골격이 크게 변하면, 부모님은 '내 아이가 곧 어른이 되겠구나.' 하는 반갑고도 낯선 느낌을 받기도 하지요.

그런데 어느 날 부모님이 나를 보고 징그럽다고 말하는 것은 결코 여러분이 싫어서 하는 말이 아니에요. 그 말에는 '많이 컸구나!'라는 의미가 숨어 있다는 것을 기억해 주면 좋겠어요. 또한 내가 조금씩 성장하면, 어릴 때부터 했던 스킨십이라도 부모님이 조금 부담스러워할 수 있다는 점을 받아들여 주세요. 물론 반대로 여러분이 부모님의 스킨십에 대해서도 부담스러운 느낌을 받을 수 있어요.

INTJ / ESFP

INTJ의 특징

INTJ는 논리적이고 성실한 조력자 유형이에요. 이들은 냉철한 이성과 분석력을 바탕으로 가족을 위해서 행동하려고 노력해요. 누가 뭐라 해도 아이들이 선택한 길을 굳게 믿어 주고 가족 구성원이 홀로 설 수 있는 심리적 지지를 든든하게 제공해 주지요. 이들은 다양한 사물이나 현상에 호기심이 많지만, 사람에게는 관심이 적은 편이에요. 하지만 가족의 성향과 개성을 깊이 관찰하고 분석하는 걸 잘해서 가족의 성향을 이해하고 '우리 가족은 이런 모습으로 성장해 나갈 수 있겠구나.'라고 미래에 관한 큰 그림을 생각하며 가족을 도와줘요.

이들은 약속이나 함께 정한 규칙을 철저하게 지키는 편이라서, 가족이 이를 지키지 못한다 싶으면 재촉하고 다그치기 쉬워요. 그래서 사람들이 자신만큼 성취욕이 강하지 않을 수 있다는 걸 생각할 필요가 있어요.

ESFP 아이의 특징

ESFP 아이는 어디서든 거리낌 없이 적응하는 쾌활한 핵인싸 유형이에요. 이들은 현실적이면서도 재치가 있어서 어딜 가도 살아남을 수 있는 뛰어난 적응력을 갖고 있지요. 특유의 명랑함은 친구들에게 호감을 주기 때문에 누구와도 빠르게 친해질 수 있어요. 이들은 친구가 도움을 요청하면 자신이 무리하지 않는 범위 내에서 선뜻 도와주는 편이에요. 또한 분위기를 파악하며 자신의 끼를 발휘하는 센스가 있어요.

한 가지에 집중해서 끈기 있게 노력하는 것은 약하지만, 노력하는 순간에는 최선을 다해 집중하기 때문에 들인 노력에 비해서 결과가 좋은 편이에요. 이들은 심각한 일을 무겁게 받아들이기보다 분위기를 밝게 만드는 것을 편안해해요. 그래서 상황을 진지하게 마주하는 태도가 조금 필요해요.

선생님, 고민 있어요!

 생각 키우기 — 말대꾸란 뭘까요?

어른들은 종종 아이들에게 "말대꾸하지 마."라고 말하기도 해요. 어떨 때는 대답을 잘했다고 칭찬하는데, 어떨 때는 솔직하게 대답하면 버릇이 없다고 혼내기도 하지요. 여러분은 그냥 대답한 건데, 말대꾸하지 말라고 하면 참 속상하지요.

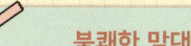
불쾌한 말대꾸의 특징
① 흥분해서 한 날카로운 말
② 반항하며 따지는 말투
③ 강요하는 내용

말대꾸란, 다른 사람의 말을 듣기만 하지 않고 그 자리에서 자기 의견을 말하는 것을 뜻해요. 말대꾸는 나쁜 것만은 아니에요. 그렇지만 불쾌한 말대꾸를 하지 않도록 주의할 필요가 있어요. 여러분이 대답을 할 때 말을 불쾌하게 하지는 않았는지 생각해 볼까요?

 고민 상담 — 부모님이 자꾸 제 말을 끊어요.

답변 가족들과 대화를 할 때 가장 어려운 것은 말하기가 아니라 듣기일지도 몰라요. 가족과 함께하는 시간이 많아지면, 자연스럽게 상대방에 관해서 알고 있는 정보가 많아져요. 그러면 서로에 관해 잘 알고 있다고 생각하게 되지요. 그래서 이야기를 끝까지 집중해서 듣기보다는 상대방의 말을 미리 짐작해서 말하는 중간에 끼어드는 일이 생길 수 있어요.

부모님의 경우 자녀의 이야기를 끝까지 듣지 않는 경우가 많이 있어요. 그럴 때는 부모님께 말을 할 때 부탁을 먼저 하고 본격적인 이야기를 시작하면 좋아요. 예를 들면, "부모님, 강아지를 입양하는 것에 대해서 제가 생각한 것을 천천히 말씀 드릴 테니, 답답하시더라도 제 이야기 끝까지 들어 주세요."라고 말하는 거죠.

6장

INTP 은정 엄마

ESFJ 은정

저는 은정이 엄마입니다.
저는 제약 회사 연구원이에요.

음~
호록

병원이나 약국에서 사용하고 파는 약을 만들죠.

제 딸 은정이는 비타민처럼 생기발랄한 아이예요.

힐끔

어떨 때는 어른인 저보다도 섬세하고요.

엄마! 이거 챙기셔야죠!

어머!

INTP / ESFJ

INTP의 특징

INTP는 끊임없이 배우는 탐구자 유형이에요. 이들은 자유롭고 독립적인 분위기로 사람들을 이끌어요. 가족 구성원 모두가 스스로 해낼 수 있고, 성장할 수 있도록 돕지요. 이들은 가족이 "왜?"라는 질문을 하면 이를 반갑게 받아들이고 설명해 주는 것을 힘들어하지 않아요. 또한 가족의 말을 진지하게 듣고 토론하면서 함께 새로운 것을 배워 나가려고 노력해요.

이들은 자신이 독립적인 만큼 가족들도 독립적이고 자율적인 사람으로 성장하기를 원해요. 예를 들어, 누군가 고민에 빠져 있는 것을 보면 고민을 해결해 주지는 않지만, 그들이 스스로 생각하고 배우도록 곁에서 지켜봐 줘요. 이들은 관심사에 집중하다가 챙겨야 할 것을 잊어버릴 때가 많은 편이에요. 그래서 잊어버리지 않도록 메모를 하며 챙길 필요가 있어요.

ESFJ 아이의 특징

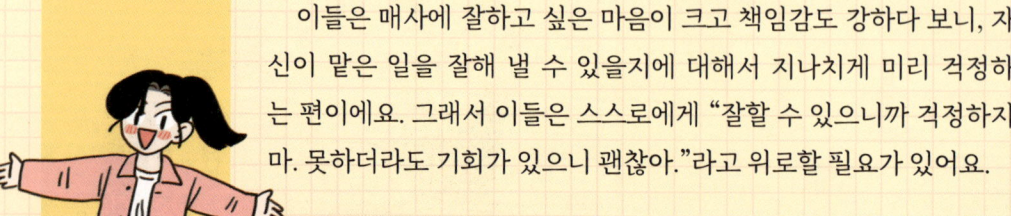

ESFJ 아이는 생기발랄한 분위기 메이커 유형이에요. 이들은 주변 상황이나 사람들의 기분을 민감하게 잘 알아차리고, 친절하게 도와주기 때문에 든든해요. 또한 분위기를 즐겁게 이끌어 가는 데 소질이 있어요. 다른 사람들 앞에 나서는 것도 즐기고 상황을 체계적으로 조직하는 감각도 함께 갖고 있어서, 장기자랑 등 단체 활동에서 진행자 역할을 맡으면 물 만난 고기처럼 자신의 재능을 신나게 펼치곤 하지요.

이들은 매사에 잘하고 싶은 마음이 크고 책임감도 강하다 보니, 자신이 맡은 일을 잘해 낼 수 있을지에 대해서 지나치게 미리 걱정하는 편이에요. 그래서 이들은 스스로에게 "잘할 수 있으니까 걱정하지 마. 못하더라도 기회가 있으니 괜찮아."라고 위로할 필요가 있어요.

선생님, 고민 있어요!

 생각 키우기 — 부모님의 이별

부모님이 이혼을 한다는 소식을 듣게 되면, 누구든지 눈물이 나고 정말 마음이 속상할 거예요. 그리고 부모님이 헤어진 후에 나는 어떻게 되는 건지 막막하고 무척 두려울 수 있어요. 이혼은 부모님이 부부 관계를 끝내는 것이지, 결코 나의 부모님을 그만하겠다는 의미가 아니에요. 부모님이 이혼을 하면 더 이상 부부는 아니지만, 여전히 나의 엄마, 나의 아빠로서 나를 너무나 사랑하고 있고 또 앞으로도 변함없는 사랑을 줄 거예요.

부모님은 여러분에게 상처 주고 싶지 않아요. 그렇지만 부모님이 각자 살아가기로 선택했다면, 그 선택이 앞으로 더 행복하다고 생각하신 걸 거예요. 마음이 아프고 슬프겠지만, 만약 내가 부모님의 선택을 존중해 드릴 수 있다면, 부모님께 분명 큰 힘이 되어 드릴 수 있을 거예요.

 **고민 상담** — 우리 가족 모두 함께 살고 싶어요.

답변 가족 구성원이 한 집에 모두 모여 사는 가족도 있지만, 각자 다른 집에 흩어져서 함께 살지 않는 경우도 많아요. 부모님의 직장 상황, 건강, 이혼뿐만 아니라 다양한 이유로 가족이 한 공간에서 살지 않을 수 있어요. 물론 가족과 함께 살지 않으면, 매일매일 보고 싶은 마음을 참는 게 쉽지 않을 거예요. 그렇지만 따로 떨어져 있기 때문에 서로가 그립고 소중한 존재라는 것을 일찍 알게 되는 특별함도 있다는 것을 생각하면 좋겠어요.

몸은 멀리 떨어져 있지만, 마음의 집에서는 함께하고 있다고 생각해 보면 어떨까요?

INFJ / ESTP

INFJ의 특징

INFJ는 사람들의 감정을 파악하고 이끄는 성장의 길잡이 유형이에요. 이들은 사람들이 사랑받는다고 느끼도록 그들의 말을 잘 들어 주고, 그들의 감정을 살피려고 노력해요. 사람들의 존재 자체를 존중하며, 그들이 잠재력을 펼칠 수 있도록 응원하지요. 이들의 모습을 통해 가족 구성원은 세상을 넓게 바라보는 방법을 배워요. 이들은 사람들의 감정에 민감하기 때문에 그들이 지금 무엇을 느끼고 있는지 정확하게 이해하는 편이에요.

생각이 풍부하고 다양해서 때로는 결론을 내리지 못하기도 하지만, 묵묵히 자기 할 일을 잘 해내요. 또한 공감 능력이 뛰어나서 영화나 소설 속 등장인물에 감정 이입을 하며 이상적인 꿈을 꿔요. 그래서 때로는 자신이 꿈꾸는 이상과 현실의 차이를 받아들이는 노력이 필요해요.

ESTP 아이의 특징

ESTP 시원시원하고 적극적이며 명쾌하다는 이야기를 많이 듣는 행동대장 유형이에요. 이들은 상황에 대해서 오랫동안 고민하기보다는 '고민을 오래 해 봤자 도움이 안 돼.'라고 결론을 내리며 행동해요. 또한 이들은 선입견이 적고 자유분방해서 누구하고든 금방 친해질 수 있어요.

이 유형의 아이는 어린이집을 옮기거나 전학을 가는 등 낯선 환경에 놓여도 금방 적응하고 사람들에게 다가가는 뛰어난 친화력을 보여요. 그리고 순발력과 융통성이 있어서 곤란한 상황에서도 재치를 발휘하고 잘 극복하는 편이에요. 이들은 행동하는 데에는 빠르지만, 복잡한 문제에 관해서 생각하는 것은 피하고 미루려고 해요. 따라서 행동하기 전에 신중하게 생각하는 시간을 만드는 노력이 필요해요.

선생님, 고민 있어요!

생각 키우기 — 가족과 화해하기

가족에게 소리를 지르거나, 싸우고 난 뒤에 문을 쾅 닫아 본 적이 있나요? 혹은 싸운 것은 아니지만, 가족을 실망하게 할 행동을 해서 가족의 마음을 아프게 한 적이 있나요?

생활하다 보면 실망스러운 모습을 서로에게 보일 수 있어요. 그럴 때는 부끄럽고 민망해도 용기 내어 화해하는 것이 중요해요.

화해할 때 신경 쓸 점

내 마음이 편안해지기 위해서 상대방에게 용서하기를 강요하면 안 돼요. 화해는 서로가 화해할 마음이 있는지 살핀 후, 스스로 잘못한 부분을 짚고 인정하며 이야기하는 것이 좋아요. 만약 잘못한 부분을 짚고 인정하며 사과해도 상대방이 응하지 않으면 기다리는 것도 필요해요.

고민 상담 — 마음이 덜 풀렸는데, 화해하래요.

답변 부모님은 언제나 형제, 자매가 사이좋게 지내기를 바라요. 그래서 형제, 자매끼리 다투면 얼른 화해하라며 부추길 때가 있지요. 가족이 함께 지내다 보면 서로 다르거나 어긋나는 부분이 있어서 다투는 일이 생겨요. 그리고 다투고 나서 마음이 풀리는 것은 사람마다 속도가 다를 수 있지요. 그럴 때, 부모님이 화해를 너무 강제로 시키는 것은 좋은 관계 회복 방법이 아닐 수 있어요.

그렇지만 다투고 나서 너무 오래 불편함을 표현하며 생활하는 것은 마음 건강에 좋은 방향이 아니에요. 혹시 오랫동안 마음이 풀리지 않는다면, 잠깐 휴식을 취하며 생각해 보면 좋겠어요. '서로 조금씩만 양보해도 되는데, 한 치의 양보를 하지 않았던 건 아닐까?', '너무 자주 싸워서 모두를 불편하게 하지 않았나?' 하고요.

INFP / ESTJ

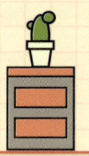

INFP의 특징

INFP는 참을성이 있고 사람들의 매력을 민감하게 알아차리는 경청자 유형이에요. 이들은 가족을 주의 깊게 관찰하고 그들의 이야기에 귀를 기울이면서, 숨겨져 있던 특별한 면을 빨리 발견해 내지요. 또한 어려운 상황에서도 자신의 강점을 살려서 잘해 나갈 수 있을 거라는 믿음을 갖고 있어요. 이 유형의 부모는 풍부한 감성과 미적 감각을 발휘해서 자녀의 평범한 일상도 특별한 '문화생활의 날'로 만들 수 있어요. 또한 가족과 즐거운 추억을 만드는 데 관심이 많고, 다양한 감정을 함께 나누는 것을 좋아해요.

이들은 다른 사람들의 감정에 민감하게 반응해 주는 걸 중요하게 여겨요. 그러다 보니 가족들이 서로 다른 것을 요구하거나 다른 의견을 낼 때에는 누구 말을 들어야 할지 혼란스러워할 수 있어요. 그렇기 때문에 조금 단호하게 자신의 의견을 낼 필요가 있어요.

ESTJ 아이의 특징

ESTJ 아이는 추진력이 강하고 씩씩하게 맡은 바를 충실히 해내는 든든한 버팀목 유형이에요. 이들은 무엇인가를 하기로 마음먹으면 바로 계획을 세우고 행동으로 옮기는 강력한 추진력을 갖고 있어요. 그래서 주변 친구들은 이들이 든든하고 믿음직스럽다고 생각해요.

활발하고 장난치는 걸 즐기지만, 자신이 생각하는 선을 넘어서 짓궂게 구는 일은 거의 없어요. 또한 일상생활 전반에 걸쳐서 계획을 세우고 시간 관리를 하는 자세가 몸에 배어 있어요. 그래서 이들은 부모가 시키지 않아도 스스로 알아서 시간표를 짜고 일정을 관리하는 편이에요. 이들은 목표를 향해 돌진하기 때문에, 잠깐 멈춰서 자신과 다른 사람들의 상태를 살펴보고, 마음의 여유를 가지며 목표에 다가갈 필요가 있어요.

선생님, 고민 있어요!

 생각 키우기 — 성향이 다른 한 팀

여러분의 가족은 서로 성향이 잘 맞나요? 아니면 각자의 성향이 매우 뚜렷한 구성원으로 모인 가족인가요? 가족 관계에서 부모님과 자녀가 반대의 성향을 갖고 있기도 하고, 가족 구성원 한 명만 나머지 구성원과는 확연히 다른 성향을 가진 경우도 있어요. 다양한 사람들이 가족이라는 한 팀으로 모이면 조화로울 수 있지만, 반대로 불협화음이나 갈등이 있을 수 있어요.

만약 가족이 나와 다른 성향으로 부딪히게 된다면, '왜 저렇게 생각하지?', '왜 저렇게 행동하지?' 생각하며 불편해하기보다, 서로의 관점에서는 무엇을 중요하게 생각하고 느끼는지 이해해 보려고 노력하면 좋겠어요. 그렇게 서로를 존중한다면 정말 돈독한 한 팀으로 기쁘게 지낼 수 있을 거예요.

 **고민 상담** — 재미있지 않은 것을 웃으면서 하래요.

답변 사람들마다 각자의 흥미로움과 즐거움의 포인트가 있기 때문에 각자 즐거운 순간이 다를 수 있어요. 그래서 가족 모임이나 행사를 할 때, 어른들은 즐겁더라도 여러분은 지루하거나 불편함을 느끼는 경우도 있지요. 그럴 때 어른들이 '표정 관리를 해라. 웃으면서 즐겁게 보내려고 노력해라.'라고 충고를 하면, 강요받는 느낌을 받아서 짜증이 났을 때도 있을 거예요.

물론 여러분이 흥미를 느끼지 않는 것을 억지로 웃을 필요는 없을지 몰라요. 그렇지만 즐거움을 느끼지 않는다고 해서 불편함을 드러내거나, 주변 사람들을 눈치보게 하는 모습을 자주 보였다면 남을 배려하는 마음으로 표현을 조금 바꾸어 보는 게 좋아요. 그리고 싫은 감정을 겉으로 오래 표현할 필요가 있는지도 생각해 보세요.

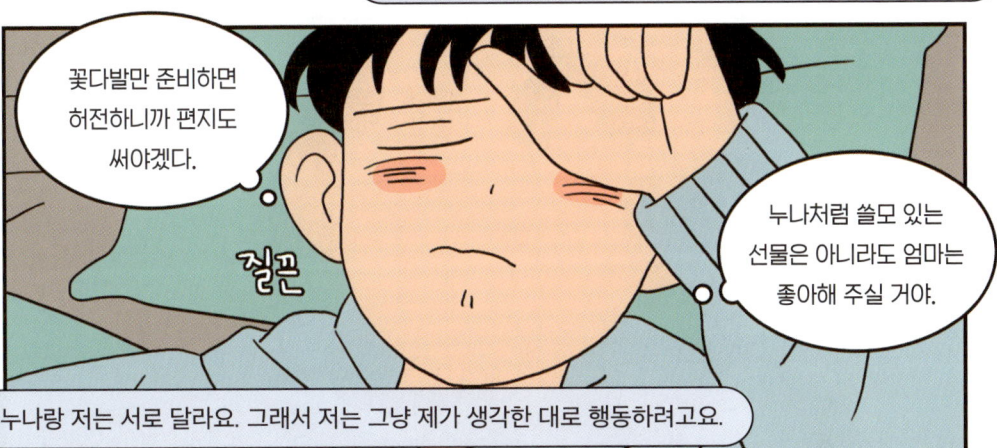

누나와 제가 서로 다르기 때문에, 다양한 선물을 준비할 수 있었던 것 같아요.

저도 앞으로 제 생각에 좀 더 자신을 가지고 행동해야겠어요!

ESTJ / INFP

ESTJ의 특징

ESTJ는 조직력과 계획력, 추진력을 갖춘 타고난 관리자 유형이에요. 이들은 가족을 돌보면서 관리 능력을 발휘해요. 아침에 일어나서 밤에 잠자리에 들 때까지 집안일과 가족의 일상 모두 매끄럽게 처리하지요. 이들은 가족과 대화하는 것을 즐기는데, 추상적인 뜬구름 잡는 이야기보다는 현실적이고 구체적인 것들에 대해서 이야기하는 것을 좋아해요. 따라서 가족에게 공감과 위로의 말을 건네기보다 문제를 해결하기 위한 방법을 알려주는 편이에요.

　이들은 계획을 세우고 정해 놓은 방식을 따르며 성취하는 것을 중요하게 생각해요. 그래서 가족에게 자신이 정해 놓은 방식을 따르도록 부추길 수 있어요. 그렇기 때문에 이들은 자신이 관리하고 통제할 수 있는 부분과 그럴 수 없는 부분을 구별할 필요가 있어요.

INFP 아이의 특징

INFP 아이는 다정하면서도 나만의 생각이 뚜렷한 몽상가 유형이에요. 이들은 생각이 많은 편이라서 학교에 가져간 가방을 그대로 놓고 집에 오기도 하고 해야 할 일을 종종 잊어버리기도 해요. 하지만 상상력을 자극하는 일을 할 때에는 누구 못지않게 꼼꼼하고 성실해요. 말수가 적어 배려심이 겉으로 드러나지는 않지만, 속으로는 누구보다 주변 사람들을 생각하고 배려해요. 사람들의 감정에 민감한 만큼 다른 사람이 상처받지 않기를 바라는 마음이 커서 사람들을 친절하고 따뜻하게 대하려고 노력해요.

　이들은 자신의 마음을 글이나 그림 등 예술적인 활동으로 표현하는 편이에요. 다양한 것에 관심을 두고 이것저것하다가 시작한 일을 끝까지 마무리하지 못하기 때문에 일을 마무리하려는 노력이 필요해요.

선생님, 고민 있어요!

🌞 생각 키우기 — 태어난 순서와 성격

가족 안에서는 태어난 순서에 따라서 형, 누나, 언니, 오빠, 동생 같은 이름과 관계가 생겨요. 태어날 순서를 스스로 정한 사람은 아무도 없지만, 어른들은 태어난 순서에 따라 각자에게 기대하는 모습이 있을 수 있어요.

"누나니까 동생을 돌봐야 해.", "형은 동생에게 양보해야 해." 같은 말이 그런 모습이에요. 이러한 말들은 여러분의 성격에 은근히 영향을 주게 돼요. 그래서 출생 순위가 MBTI 성격 유형과 연결되어 각자의 특성을 더 선명하게 만들기도 하지요.

🎀 고민 상담 — 먼저 태어났어도 무서울 수 있잖아요.

답변 그럼요. 동생보다 먼저 태어났어도 겁이 많을 수 있어요. 그건 잘못도 아니고, 연약함도 아니에요. 동생과 나의 성격 특성과 성향의 차이로 나타나는 모습일 뿐이지요. 예를 들어, 동생은 외향형(E)이고, 감정형(F)이라서 낯선 사람들과 금방 친해지고, 행동도 적극적이라서 어딜 가나 적응을 잘해요. 반면 나는 내향형(I)이고 논리형(T)이라서 어떤 행동을 할 때 신중하고, 스스로 분석을 해요. 그래서 행동하기 전에 생각할 시간이 좀 더 필요할 수 있어요.

이처럼 서로 성격적 성향이 다른데, 사람들이 형제 순위를 성격과 연결해서 각자의 모습을 존중하지 않을 때가 있어요. 나이에 따라서 어떤 역할을 강요하고 그 역할을 성격과 연결하는 것은 옳지 않아요.

이제는 선미를 위해서 '딸 바보'가 아니라

딸이 뭘 좋아하고 싫어하는지 잘 아는 '딸 천재'가 되어 봐야겠어요.

ESTP / INFJ

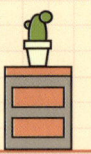

ESTP의 특징

ESTP는 흥이 많고 열정적이며 매순간 즐겁게 지내려고 노력하는 모험가 유형이에요. 이들은 매일 단조로운 일상이 반복되어도 그 속에서 재미를 찾으면서 게임하듯이 즐겨요. 가족과 함께하는 순간에는 가족이 좋아하는 것을 함께 체험하면서 즐기는 열정적인 '행동파' 모습을 보이지요. 이들은 선입견이 적고 개방적이에요. 예를 들어, 이 유형의 부모는 자녀가 학교에 가기 싫다고 말하면 "그래도 가야 해."라고 밀어붙이기보다는 자녀의 상황을 살펴보려고 해요. 그리고 필요하다고 판단하면 학교를 며칠 쉬면서 자녀가 만족하며 적응할 수 있도록 해결책을 찾아 줘요.

　이들은 상황을 논리적으로 파악하고 설득력 있게 말하는 데 능숙해요. 그렇지만 어떤 일을 할 때 깊이 생각하지 않고 순간의 느낌에 따라 즉흥적으로 행동하기도 해서, 상황을 먼저 살피고 행동할 필요가 있어요.

INFJ 아이의 특징

INFJ 아이는 섬세하고 생각 많은 상상력 대장 유형이에요. 이들은 호기심이 많아서, 다른 사람들이 무심히 넘기는 부분들에 대해서도 '사람들이 왜 그런 말을 했던 걸까, 무슨 마음이었을까?' 고민하느라 시간 가는 줄 모를 때가 많아요. 이처럼 이들의 머릿속은 여러 가지 상상과 호기심, 고민으로 인해 그 누구보다도 복잡하고 풍부해요.

　이들은 어른스러우면서도 책임감 강하고 침착하기 때문에 주변 사람들에게 믿음직스럽다는 인상을 주고는 해요. 얼핏 보면 조용하고 차분하게 보일지도 모르지만, 실제로 이야기를 나눠 보면 이들이 사람들에게 얼마나 밝고 따뜻하게 공감을 잘하는지 알 수 있어요. 감성이 풍부하고 때로는 작은 일에도 상처 받기 때문에 '사람들이 나를 거절한 게 아니야, 생각이 서로 다를 수 있어.'라고 생각할 필요가 있어요.

선생님, 고민 있어요!

생각 키우기 — 가정 폭력 신고

가정 폭력의 상황과 마주하거나, 누군가의 가정 폭력을 마주했다면 혼자서 담아 두지 말고 믿을 만한 관련 기관에 도움을 요청해요. 가정 폭력 전문 상담 기관에서는 가정 폭력 관련 상담뿐만 아니라 가해자 교정 치료, 가정 폭력 예방 교육 등의 프로그램을 운영하고 있어요. 도움이 필요할 때는 꼭 연락해요. 단, 신고를 하고 위험해 질 수 있다면, 우선 학교 선생님이나 상담 선생님께 먼저 도움을 요청해요.

가정 폭력 상담 및 지원
- 청소년사이버상담센터: **국번없이 1388**
- 여성긴급전화: **국번없이 1366**
- 다누리콜센터(이주여성): **1577-1366**
- 한국가정법률상담소: **1644-7077**
- 대한법률구조공단: **국번없이 132**

고민 상담 — 가족 때문에 힘들 수도 있나요?

답변 물론이에요. 서로를 사랑하고 소중하게 여긴다고 해서, 늘 서로를 행복하게만 하는 것은 아니니까요. 소중한 관계에서는 서로에게 더 많은 것을 기대하기도 하고, 엄격한 기준으로 쓴소리도 할 수 있어요. 그래서 오히려 긴장되거나 어려운 마음을 느낄 수 있어요.

이럴 때는 먼저, 나의 마음을 모른 척하고 감추기보다는 어떤 부분이 힘든지 천천히 생각해 봐요. 나의 마음이 힘든 부분을 살피지 못하면, 오랜 시간 동안 그 불편함이 마음에 남아서 가족이 더욱 부담스럽고 어려운 관계가 될 수 있어요. 가족 때문에 마음이 힘들다고 느끼는 것은 가족을 싫어하고 배신하는 것과는 분명히 다른 자연스러운 마음이에요.

저는 현욱이 할아버지입니다.

현욱아, 그 책 재미있니?

현욱이는 관심 있는 것을 깊이 탐구하는 아이예요.

네, 포카몬 중에 미파츄라는 전기를 만드는 몬스터가 있는데, 사람이 엄청난 전기에 감전되면 온몸의 수분이 증발해 버린대요. 신기해요.

포카몬이… 요즘 유행하는 만화지? 내용이 특이하구나.

ESFJ / INTP

ESFJ의 특징

ESFJ는 가족의 몸과 마음을 보살피는 것이 최우선인 가족바라기 유형이에요. 이들은 가족을 위해 무엇인가를 할 때 행복함과 뿌듯함을 가장 크게 느껴요. 그래서 이 유형의 부모는 자녀가 졸리거나 배고파 하면, 편안하게 잘 곳이나 먹을 것을 준비해 주면서 신체적으로 보살펴 주고, 자녀의 감정을 민감하게 살피며 속상해하는 자녀를 따뜻하게 위로해 줘요. 또한 "사랑해.", "잘 자." 같은 말을 자연스럽게 표현해 주지요. 그렇기 때문에 가족은 이들의 섬세한 보살핌 속에서 안정감과 포근함을 느낄 수 있어요.

이들은 자신이 생각하기에 좋은 방식으로 가족을 보살피는 편이라서, 자신과 마찬가지로 가족 구성원도 각자 원하는 방식이 있다는 걸 생각하며 받아들이는 연습이 필요해요.

INTP 아이의 특징

INTP 아이는 호기심이 많고 좋아하는 것과 싫어하는 것이 뚜렷한 꾸러기 유형이에요. 이들은 자신이 옳다고 믿거나 원하는 것에 대해서는 물러서지 않는 꿋꿋함이 있어요. 그리고 자신이 관심 있는 주제에 대해서는 하나부터 열까지 파헤치기를 좋아하며 그 주제에 관해서 '백과사전' 수준으로 마스터해요.

이들은 자신의 생각을 논리적으로 표현하는 데 뛰어나고, 다른 사람의 말에서도 논리적으로 문제가 있는지 없는지를 예리하게 잘 찾아내요. 그러다 보니 아무리 어른의 말이라 하더라도 자신이 생각할 때 논리적이지 않다면 따르지 않아요. 따라서 가족은 이들에게 논리와 맞고 틀림을 떠나서 다른 사람의 마음을 헤아릴 수 있는 방법을 알려줄 필요가 있어요.

선생님, 고민 있어요!

배려하는 마음

배려하는 마음을 갖는 것은 무척 좋은 일이에요. 그런데 배려도 지혜롭게 할 필요가 있다는 걸 알고 있나요? 만약 부모님의 경제 상황이 어려워서, 돈을 절약해 드리기 위해 학원을 다니기 싫다고 말씀드리고 학원을 모두 끊었다면 어떨까요? 당장은 부모님의 돈을 절약하는 것에 도움이 될 수는 있어요. 그렇지만 부모님은 나를 학원에 보내지 못해서 마음이 아플 수도 있어요.

이처럼 배려는 상대방의 입장을 생각하며 필요한 만큼, 부담 없는 방법으로 하는 것이 필요해요. 또한 나는 배려를 했지만 내가 배려했다는 것을 상대방이 알아주지 않더라도, 나의 서운한 마음을 지나치게 표현하지 않는 게 좋을 때도 있다는 걸 기억해 주세요.

할머니 할아버지를 고생시켜서 죄송해요.

답변 맞벌이를 하는 부모님을 도우며 여러분을 길러 주는 할머니 할아버지를 보면서, 고생시켜서 죄송한 마음을 느꼈다는 것은 참 훈훈하게 느껴지는 면이 있어요. 그렇지만 할머니 할아버지가 여러분을 돌보는 것은 사랑의 표현이에요. 또 여러분은 부모님의 자녀이고, 여러분의 부모님은 할머니 할아버지의 자녀이기도 해요. 그러니 할머니 할아버지가 여러분을 돌보는 것은 여러분의 부모님을 향한 사랑과 응원이 될 수도 있어요.

할머니 할아버지는 여러분이 "저를 사랑해 주시고 키워 주셔서 감사합니다. 저는 행복해요!"라고 표현해 주는 것이 더 보람되고 기쁠 거예요.

안녕하세요. 저는 장우예요.

오늘은 우리 집 대청소 날이에요.

엄마, 저도 청소 같이할게요.

아냐~ 그냥 편하게 있어~ 엄마가 할게.

우리 엄마는 평소에는 저랑 뭐든 같이 하기를 원하는 편인데요.

아이 키우는 게 어디 쉽니?
자식한테 부모가 모든 걸 다 해 줄 수는 없어~
아이도 스스로 생각하고 성장하는 시간이 있는 거야.

응! 맞아요.

내 아이에게는 부족한 것 없이 사랑도 듬뿍 주고 잘 챙겨 주는, 밝고 든든한 엄마가 될 거야!

엄마의 말이 맞아요. 제가 장우의 모든 것을 해 줄 수 없다는 걸 인정해야 하겠죠.

장우야~ 화는 좀 풀렸어? 미안해~

장우는 스스로 하는 걸 좋아하는데, 엄마가 그런 기회를 너무 뺏었던 것 같아. 그러지 않도록 할게.

장우에게 도움을 주는 것도 좋지만, 장우만의 생각과 행동을 지켜보는 것도 부모의 행복이니까요.

저도 아까 죄송했어요. 앞으로 도움이 필요하면 제가 말씀드릴게요.

ESFP / INTJ

ESFP의 특징

ESFP는 적극적이고 사교적인 매력으로 세상과의 다리를 놓아 주는 안내자 유형이에요. 이들은 나이가 많건 적건 상관없이 모든 나이대의 사람들과 허물없이 즐겁게 지낼 수 있는 융통성이 있어요. 이 유형의 부모는 자녀가 세상의 다양한 사람과 어울리고 보다 넓은 세상을 만날 수 있도록 연결하는 다리 역할을 해 주지요. 또한 가족이 자신을 필요로 할 때 현실적인 도움을 주고자 노력해요. 그래서 언제든지 자신의 에너지를 쏟을 준비가 되어 있어요.

이들은 가정에 매우 헌신적이지만, 그 정도가 과해지면 때로는 가족이 독립성을 발휘할 기회를 자기도 모르게 빼앗기도 해요. 따라서 가족 구성원이 스스로 준비물을 챙기거나 할 일을 알아서 하는 것에 서운함을 느끼지 말고 존중해 줄 필요가 있어요.

INTJ 아이의 특징

INTJ 아이는 모든 것을 진지하고 끈기 있게 탐구하는 사색가 유형이에요. 이들은 특히 지적 호기심이 매우 높아서 자신이 궁금한 것에 대해서는 "왜?"라는 질문을 참 많이 해요. 그리고 한 번 꽂힌 주제에 관해서 엄청난 끈기와 집중력을 발휘하고 그것 뒤의 원리를 탐구하며 이해하고 싶어 해요.

이들은 자신을 제외한 누구의 간섭 없이 스스로 할 일을 하며 자신의 방식을 존중받기를 원해요. 그래서 부모가 간섭하거나 지시하는 것에 대해 크게 반발할 때도 있어요. 그렇기 때문에 가족 구성원이 보기에는 이들의 방과 책상이 어딘가 불편해 보이고 비효율적인 방식으로 정리되어 있더라도, 문제될 게 없다면 이들의 생각을 존중하고 내버려 둘 필요가 있어요.

선생님, 고민 있어요!

 생각 키우기　　　**부모님도 엄마 아빠가 처음**

여러분이 자라서 어른이 되듯이, 부모님 또한 어렸던 시절이 있어요. 여러분이 난생처음으로 학교에 가던 때를 떠올려 볼까요? 설레기도 했지만 어떤 일이 생길지 가슴을 졸이며 걱정하기도 했지요. 그랬던 모습처럼, 부모님도 마찬가지예요.

부모님은 여러분을 낳고서 엄마, 아빠라는 역할을 처음 가지게 되었어요. 그래서 여러분에게 좋은 부모님이 되려고 책도 읽고 공부도 해요. 여러분을 생각하며 밤을 새우기도 하고, 어쩔 수 없이 엄격하게 혼내고 나서는 남몰래 눈물을 흘리기도 하지요. 이렇게 부모님들도 여러분을 위해 최선을 다해 노력하고 있다는 것을 기억하면 좋겠어요.

 **고민 상담**　　　**왜 부모님은 했던 말을 바꿀까요?**

답변 부모님이 여러분에게 하지 말라고 하거나 꼭 해야 한다고 말하는 것이 많을 거예요. 휴대폰 게임하기, 라면 먹기, 탄산음료 마시기 같은 일들이요. 그런데 이렇게 하지 말라고 말한 규칙을 부모님이 갑작스럽게 바꾸는 경우가 종종 있을 거예요. 예를 들면, 라면은 한 달에 한 번만 먹을 수 있다고 했는데, 지난주에 라면을 먹었는데도 갑자기 "라면 끓여 줄까?"라고 말을 바꾸는 거죠. 그러면 여러분은 '라면을 또 먹을 수 있어서 좋지만, 나는 언제나 규칙을 지켜야 하는데, 부모님은 왜 마음대로 말을 바꾸시지?' 생각할 수 있어요.

이런 일은 부모님이 여러분이 힘들까 봐, 응원해 주고 싶은 마음으로 선물처럼 허락해 주는 일이에요. 그럴 때는 기분 좋게 누리고, 일상에서는 부모님과 함께 다시 규칙을 열심히 지키도록 해요.

13장

ENTJ 하영 엄마
ISFP 하영

저는 하영이 엄마입니다.

사회학이란 무엇인가?

사회학은 사회에 속해 있는 우리의 삶과 행동에 대한 학문입니다. 우리가 겪는 다양한 문제는 사회 구조와 밀접하게 연결되어...

그럼, 다음 주 화요일 저녁 10시까지 리포트 제출하세요.

저는 사회학과에서 학생을 가르치는 대학교수예요.

저는 미래를 생각하며 계획하고 큰 목표를 이루어 내는 것을 좋아합니다.

사회학은 그런 제 성향과 잘 맞는 분야이지요.

ENTJ / ISFP

ENTJ의 특징

ENTJ는 리더십을 발휘해서 논리적으로 문제를 해결하는 해결사 유형이에요. 이들은 가족을 보살피고 성장시키겠다는 목표를 달성하기 위해, 여러 가지 규칙과 질서를 명확하게 정하고 지도해요. 이들이 제공하는 체계적인 가정 내 시스템 덕분에 가족 구성원은 자신이 공정한 대우와 보살핌을 받는다고 느낄 수 있어요.

이들은 가급적 사람들이 혼자 힘으로 문제를 해결하도록 격려하는 편이라서, 감정적으로 공감해 주기보다는 상황을 분석하고 논리적으로 알려주는 대화를 해요. 그렇기에 말랑말랑한 말투의 대화가 아닐 수 있어요. 따라서 이들은 '문제를 해결하는 것'과 '감정을 받아 주는 것'은 서로 다르다는 것을 이해하고, 감정을 문제 해결하듯이 '해결할 것'으로 바라보지 않도록 주의할 필요가 있어요.

ISFP 아이의 특징

ISFP 아이는 조용하고 느긋하면서도 끼가 많은 숨은 인기인 유형이에요. 겉으로 보이는 첫인상은 수줍고 조용한 성격이지만 그 누구보다도 낭만적이고 예술적인 끼가 있어요. 차분하지만 즉흥적으로 매 순간 변화하는 분위기에 잘 적응하고, 친구들과 놀이를 할 때에도 누구보다 몰입하고 적극적인 참여를 보이는 매력을 갖고 있어요. 또한 동물이나 식물을 키우고 교감하는 것을 좋아하며 사람들과 스킨십을 하며 소통하는 센스가 있어요.

하지만 때로는 자신보다 친구들의 입장을 더 많이 헤아리려고 해서 거절을 하지 못하고 불편함을 참을 때가 많아요. 따라서 이 유형의 가족 구성원은 이들이 상황에 맞게 자기 의견을 표현하고 무리한 일을 거절하는 방법을 습득할 수 있도록 도와주는 것이 필요해요.

선생님, 고민 있어요!

세상에 가장 든든한 내 편

"네 편은 누구야?"라는 질문을 받으면 떠오르는 사람이 있나요? 세상을 살면서 특별히 편을 먹어 치열하게 싸우거나 갈등을 경험할 일은 많지 않지만, 그래도 세상에 내 편이 있다는 것은 참 든든하고 행복한 일인 것 같아요.

가족은 서로에게 "같은 편이야."라는 말로 굳이 표현하지 않아도 세상에서 가장 든든하고 절대적인 내 편인 것은 분명해요. 가족 구성원과 나의 성격이 달라서 또는 같아서, 다투기도 하고 통하기도 할 거예요. 이렇게 소중한 선물 같은 존재를 많이 아끼고 가꾸길 바라요. 가족은 세상에 가장 든든한 내 편이에요!

저도 어리지만 힘이 되고 싶어요.

답변 가족에게 어려움이 생겼을 때, 어른들이 할 수 있는 것과 아이가 할 수 있는 것은 다를 수 있어요. 문제를 해결하기 위해서는 어른들의 해결 방법이 현실적으로 가장 도움이 되는 경우가 많아요. 어른들은 여러분이 곁에서 응원하고 조용히 포옹해 주며 여러분이 할 일을 성실하게 하는 것이 큰 힘이 될 때가 많아요. 이런 점을 받아들여 주면 좋겠어요

그리고 가족에게 "제가 힘이 되어 드리고 싶어요.", "제가 어떤 걸 하면 부모님께서 힘이 날까요?"라고 말을 해 준다면, 그것만으로도 가족에게 충분한 위로와 힘을 충전시켜 줄 수 있어요. 소중한 가족을 위해 무엇이라도 해 보려는 그 관심과 마음은 서로를 더욱 따뜻하고 단단한 가족이 되도록 해 줄 거예요.

ENTP / ISFJ

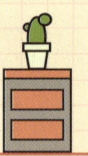

ENTP의 특징

ENTP는 새로움을 추구하고, 다양한 활동에서 신선함과 재미를 찾아내는 탐험가 유형이에요. 이들은 어떤 상황에 놓이더라도 모든 것을 새로운 관점으로 바라보면서 즐거워해요. 그래서 이들과 함께하는 가족 구성원은 이들을 보며 새로운 활동에 적극적으로 도전해 보는 즐거움과 든든한 마음을 느낄 수 있어요.

이들은 논리적이고 객관적으로 생각하여 결론을 내리기 때문에 자신의 주관이 강하고 사람들에게도 저마다 확신을 가지고 독립적으로 행동하도록 격려해 주는 편이에요. 이러한 삶의 자세는 말로 알려 주기도 하고, 자신이 사는 모습을 통해 직접 보여 주기도 해요. 그렇지만 이들은 자신보다 덜 독립적이고 정서적 보살핌을 더 필요로 하는 사람이 있을 수 있다는 것을 기억하고 자신과 다른 성향을 배려할 필요가 있어요.

ISFJ 아이의 특징

ISFJ 아이는 꼼꼼하고 주변 친구를 돕는 것을 좋아하는 완벽주의자 유형이에요. 이들의 특성은 칭찬과 인정의 영향을 많이 받아요. 그래서 주어진 활동을 완벽하게 해내는 것 자체에서 느끼는 즐거움보다 사람들에게 완벽하다고 인정받는 데에서 느끼는 뿌듯함이 마음에 더 크게 와 닿는 편이에요. 또한 배려심이 많아서 다른 사람을 잘 도와줘요. 그래서 다른 사람들에게 착하다는 이야기도 많이 들어요.

이들은 자신에게 주어진 것은 포기하지 않고 꼼꼼하게 해내며 누가 시키지 않아도 알아서 잘하는 경우가 많아요. 또한 사람들에게 인정받고 싶은 마음이 큰 만큼 실수에 대한 두려움이 커요. 그래서 이 유형의 가족 구성원들은 이들에게 "실수해도 괜찮아."라고 격려해 주고, "~하면 ~해 줄게." 같은 조건이 달린 일을 요구하는 것은 피해야 해요.

선생님, 고민 있어요!

 생각 키우기 — 말투의 중요성

말을 할 때, 말투가 중요하다는 걸 알고 있나요? 존댓말을 갖춰 말해도 그 내용이나 전하는 말투가 존중을 담고 있지 않다면 불쾌한 말에 지나지 않아요. 말투에 가장 많은 영향을 주는 것은 크게 두 가지로 살펴볼 수 있어요. 첫 번째는 '사용하는 단어', 두 번째는 '마음에 품은 진심과 태도'예요.

정말 반가운 마음으로 "반가워요."라고 말할 때와 '귀찮으니까 빨리 인사만 하고 가야지' 생각하며 "반가워요."라고 말할 때를 생각해 볼까요? 분명히 "반가워요."라는 같은 말이지만, 말투와 태도에 따라서 상대방은 다른 감정을 느낄 수 있어요. 그러니 사람과 대화할 때, 내가 어떤 마음을 품고, 어떤 단어와 태도로 대화하고 있는지 생각하는 것이 중요해요.

고민 상담 — 엄마 아빠 말투는 늘 화난 거 같아요.

답변 나는 잘못한 게 없는데도 가족이 평소에 짜증, 피로감, 화가 난 표정과 말투를 사용한다면, 무척 억울하고 속상할 수 있어요. 그런데 조금 다르게 생각해 보면, 부모님이 마음속에 불편함을 담고 생활하고 있는 건 아닐까 생각되기도 해요. 억울하고 속상하겠지만, 조금 다르게 생각해 보면 어떨까요? '왜 나에게 맨날 화를 내시지?'라고 원망하기보다는 '뭔가 마음이 불편하신가? 내가 도움이 될 일이 뭐가 있을까?' 생각해 보는 거예요. 마음의 여유를 어떻게 만들어 드리면 좋을지 생각하고 표현하는 것이 도움이 될 수 있어요. 그리고 "조금만 상냥하게 말씀해 주세요."라고 용기 내어 말해 보면 좋겠어요.

안녕하세요. 저는 하람이예요.

최근에 아빠가 '동물 모양 귤 까기'라는 재미있는 책을 주셨어요.

그래서 같이 동물 모양 귤 까기를 하는 중이에요.

토끼 모양 완성!

잘 만들었다! 하람이는 역시 손재주가 좋네~

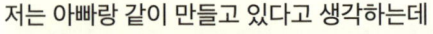

저는 하람이 아빠입니다.

어떤 조건의 집을 찾으시나요?

저는 부동산 중개인을 하고 있어요.

이번에는 아빠랑 크리스마스 트리 만들래!

하람이도 크리스마스트리 만들면 좋아하겠지?

하람이는 아기 때부터 뭔가 만드는 것을 좋아했고

ENFJ / ISTP

ENFJ의 특징

ENFJ는 가족과 즐거운 마음을 나누는 이야기꾼 유형이에요. 이들은 특유의 사교성을 발휘해서 사람들이 즐거움을 느낄 수 있도록 해요. 또한 마음을 따뜻하고 분명하게 표현하는 것을 잘해서 가족들은 이들이 무엇을 느끼는지 쉽게 이해할 수 있어요. 이들은 여러 가지 일을 질서 있게 관리해요. 그래서 다른 사람들의 눈에는 '슈퍼맘' 혹은 '슈퍼 대디'로 보일 정도로 많은 일을 효율적으로 이루어 내요. 또한 사람들이 느끼는 감정을 빠르게 파악하고 공감과 격려도 잘해 주기 때문에 가족 구성원과 서로 마음을 터놓고 나누면서 지내는 편이에요.

　이들은 자신의 일과 가족의 일 모두 수준 높게 해내려고 노력하기 때문에, 가끔은 '모든 일을 완벽하게 할 수 없어. 이정도면 충분해.' 생각하며 스스로의 마음을 달래고 일의 우선순위를 정할 필요가 있어요.

ISTP 아이의 특징

ISTP 아이는 조용하면서도 개성이 강한 혼자 놀기의 달인 유형이에요. 이들은 관심사가 생기면 거기에 파고들어서 끈기 있게 매달리곤 해요. 또한 손재주를 발휘하거나 몸을 움직이는 활동에서 뛰어난 실력을 보일 때가 많아요. 반면에 관심 없는 일은 손가락 하나 까딱하지 않으려고 하는 고집이 센 편이에요. 이들은 주변에서 자기 일을 간섭한다고 느끼면 청개구리처럼 말을 듣지 않기도 해요. 그렇지만 자기 마음에서 우러나오는 목표가 생기면 누가 시키지 않아도 능력을 발휘해 내요.

　이들은 어떤 일이든지 쉽고 간단하게 해결하는 요령을 잘 파악하기 때문에 노력을 줄이고 요령껏 행동할 때가 많아요. 그래서 가족은 이들에게 노력하라고 강요하기보다 이들이 목표 의식을 갖고 스스로 움직일 수 있도록 해야 할 일과 관심사를 연결해 줄 필요가 있어요.

선생님, 고민 있어요!

화목한 가정에 관한 생각

사람들은 '화목한 가정'을 떠올리면, 가족 간에 싸움도 없고, 언제나 웃음이 가득하고, 고민 없이 즐거운 시간을 보내는 가족을 떠올릴 것 같아요. 그런데 '화목한 가정'은 함께 고난을 겪으며 힘든 시간을 같이 견뎌 주기도 하고, 가족 구성원 때문에 눈물도 흘리고 화도 내지만, 갈등을 포기하지 않고 풀어내는 가족의 모습일 수 있다고 생각해요. 가족 안에서 힘든 시간을 보내고 있다고 해서, 화목하지 않은 것은 아닐 수 있다는 거죠.

힘들지만 서로를 위해 힘을 내는 것, 서로가 달라서 불편한 점을 인정하는 것, 각자의 주장을 표현하느라 목소리가 커지고 감정이 격해져도 마음속에는 서로를 사랑한다고 믿는 것. 이러한 모습이 '화목한 가정'을 만드는 것은 아닐까요?

저 때문에 부모님이 계속 싸우는 것 같아요.

답변 부모님이 싸우는 것은 여러분이 잘못을 했기 때문이 아닐 때가 많아요. 단지 부모님이 여러분을 사랑하는 방식이 각자 다르기 때문에, 여러분과 관련된 중요한 대화를 나누면서 서로 주장하는 일이 다를 때 다툼이 일어나기도 해요.

만약 '나 때문에 부모님이 계속 싸우는 것 같아.'하고 자꾸 생각하게 된다면, 부모님께 용기를 내어 마음을 솔직하게 표현해 보면 좋겠어요. '두 분이 싸우는 걸 지켜보면 많이 속상하고 슬퍼요.'라고요. 직접 말하기 어렵다면 편지를 적어서 드려도 좋아요.

ENFP / ISTJ

ENFP의 특징

ENFP는 즐겁고 순수한 모습을 자유롭게 보여 주는 친구 같은 유형이에요. 이들은 가족 구성원의 가능성과 잠재력을 빠르게 포착하고, 이를 키워 나갈 수 있도록 격려해 줘요. 특유의 호기심과 상상력을 마음껏 발휘하며 자녀와 같은 눈높이에서 즐거운 시간을 보낼 수 있지요. 또한 사람들이 느끼는 여러 가지 감정과 생각을 섬세하게 알아차리고 공감해 주기 때문에 가족은 자신의 관심사와 감정을 공유하고 있다고 느끼고 편안해해요.

이들은 규칙과 틀에 얽매이지 않으며 자유롭고 융통성이 있어요. 사람들의 마음을 알아차리고 공감하는 데 뛰어나다 보니, 가족의 고민을 자신의 것처럼 받아들이곤 해요. 따라서 이들은 사람들의 고민을 들어줄 때 '이게 누구의 문제인지', '실제로 얼마나 힘든지' 스스로에게 질문하고 지나친 감정 이입에 브레이크를 걸어 줄 필요가 있어요.

ISTJ 아이의 특징

ISTJ 아이는 차분하고 성실한 모범생 유형이에요. 이들은 책임감이 있고 성실해서 집에서도 학교에서도 타고난 모범생다운 모습을 보여요. 그래서 정확한 시간과 계획에 따라 자신의 역할을 다하는 것을 중요하게 생각해요. 평소에 자신의 생각과 느낌, 의견을 자주 드러내지 않아서 사람들에게 얌전하다는 이야기를 많이 들어요. 그렇지만 자기 의견을 밝혀야 하는 순간에는 뒤로 물러서지 않고 분명히 밝히는 모습도 있어요.

이들은 다른 사람에게 한 번 마음을 열면 오래도록 관계를 유지하는 변함없는 우정을 보여요. 이들은 자신의 생각과 감정을 표현하는 데 어색함을 느끼곤 해요. 따라서 가족들은 이들이 자연스럽게 감정을 표현할 수 있도록 느낌에 관한 질문들을 해 줄 필요가 있어요.

선생님, 고민 있어요!

생각 키우기 — 새로운 가족 맞이하기

가족은 여러 가지 이유로 헤어지기도 하고, 태어나서부터 함께하지 않을 수도 있어요. 또한 처음에는 가족이 아니었지만, 새로운 가족이 생기기도 해요. 새로운 가족을 맞이하는 것은 반갑고 기쁜 일이지만, 한편으로는 낯선 누군가와 가족이 되는 일이기 때문에 마음의 준비가 필요할 수 있어요. 이럴 때 드는 설레고 기쁜 마음, 속상하고 부담되는 마음 모두 자연스러운 감정이니 너무 긍정적인 생각만 하려고 억지로 노력하지 않아도 괜찮아요.

누군가와 새로운 관계를 시작한다는 것은 항상 즐겁기만 한 것은 아니니까요. 다만, 불편한 마음이 너무 오래 머문다면 '내가 속상한 이유가 구체적으로 무엇일까?' 생각해 봐요. 그리고 천천히 서로를 알아갈 준비를 하면 좋겠어요.

고민 상담 — 다른 가족이 부러워요.

답변 친구들과 지내다 보면 자연스럽게 가족 이야기를 하게 될 때가 있어요. 내가 원하던 가족 여행을 친구가 다녀왔다거나, 우리 집 가정 형편상 나는 갖지 못하는 것을 친구 부모님은 흔쾌히 선물해 주는 등 친구의 이야기를 듣다 보면 나도 모르게 친구의 가족이 부러운 순간이 나타날 수 있어요.

부러워하는 마음은 누구에게나 생기는 자연스러운 감정이에요. 다만, 다른 가족과 나의 가족을 끊임없이 비교하게 된다면 나의 마음과 일상은 슬퍼질 거예요. 이럴 때는 생각의 방향을 돌려 볼 필요가 있어요. '내가 꿈꾸던 모습을 갖고 있는 다른 가족이 부러워. 그렇지만 우리 가족이 부족하거나 불행하기만 한 것은 아니야.' 하는 식으로요.

✿ 에필로그 ✿
사랑하는 가족

INTP ENTJ ENTP INTJ ISTP ESTJ ISFP INF

MBTI 돋보기

책을 다 읽었다면
MBTI 성격 유형별 가족 관계와
유형별 특징을 살펴봐요.
친구나 부모님과 함께 서로의
MBTI를 찾아보고 이야기 나누면
더욱 좋아요!

행복한 가정을 위한
가족 십계명

1. 서로에게 감사한 마음 갖기
서로에게 주는 사랑이 당연한 것은 아니에요.
받은 마음을 감사해하고, 나도 가족에게 표현할 수 있도록 해요.

2. 집안일을 함께하기
집안일은 어른만 해야 하는 행동이 아니에요.
모두가 각자 할 수 있는 만큼 함께해요.

3. 당연하게 요구하지 않기
무엇이든 양보하거나 배려하는 건 당연한 게 아니에요.
가족에게 원하는 게 있을 때는 공손하게 부탁해요.

4. 중요한 말은 정확하게 표현하기
내 마음을 말하지 않아도 알아줄 거라 기대하지 말도록 해요.
중요한 마음은 가족이 이해할 수 있게 정확하게 표현해요.

5. '사랑한다, 수고했다, 감사하다' 말하기
감정을 표현하는 것을 부끄럽다고 생각하지 말아요.
나의 좋은 마음을 소리 내어 표현해요.

6. 자녀의 생각은 어떤지 질문하고 대답 들어 주기

지혜를 가진 부모님이라도 자녀의 생각을 듣고 응원해요.
자녀가 스스로 생각하고 뭔가를 선택할 기회를 줘요.

7. 부모님의 제안을 한 번에 따르기

부모님의 말씀을 잔소리로만 생각하지 말아요.
때로는 서로의 제안을 한 번에 따르려는 노력을 해 봐요.

8. 상처 준 일은 직접 사과하기

상처를 줬다면 사과를 미루지 말아요.
먼저 직접 사과하는 용기를 내고 가족에게 예의를 지켜요.

9. 서로에게 무엇이 필요한지 자주 질문하기

혼자 알아서 잘하더라도 관심 있게 살펴봐요.
필요한 것이 없는지 질문하며 다정한 관심을 줘요.

10. 감정이 안 좋을 때는 천천히 말하기

마음이 좋지 않으면 목소리가 커지거나 말이 빨라질 수 있어요.
말의 속도를 줄여서 서로에게 상처 주지 않게 노력해요.

#성실함의아이콘
#믿을수있는사람
#일처리가빠름
#한결같은소나무

I S T J 세아 엄마

가족 속마음
▷ 일을 완벽하게 하고 싶어
▷ 계획을 지키고 싶어
▷ 빨리 해 주면 좋겠어

- ☑ 소나무처럼 한결같은 모습을 보여 주며 성실해요.
- ☑ 가족에게 안정감을 줘서 든든하고 믿음직스러워요.
- ☑ 자신이 어떤 역할을 맡고 있는지 잘 알고 맡은 역할의 책임을 다해요.
- ☑ 마음속에 '오늘 하려고 한 일'을 늘 품고 있어요.
- ☑ 계획한 일을 처리하지 않으면 잘 쉬지 못해요.
- ☑ 감정을 표현하는 것을 어색하게 느끼는 편이에요.
- ☑ 혼자서도 척척 자기 일을 빠르게 처리해요.
- ☑ 다른 사람의 속도를 인정하고 기다려 줄 필요가 있어요.
- ☑ 자신의 생각이 선명해서 그 생각을 바꾸지 못하기도 해요.

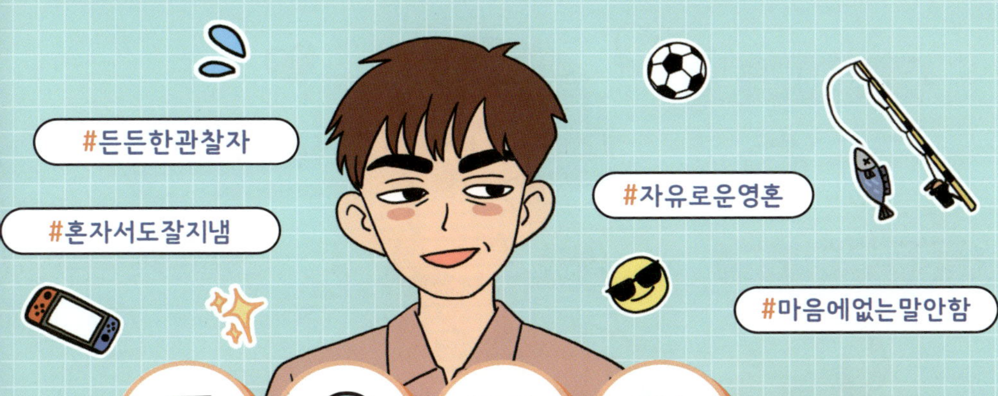

#든든한관찰자
#혼자서도잘지냄
#자유로운영혼
#마음에없는말안함

I S T P 경수 아빠

가족 속마음
- ▶ 혼자 있는 시간이 필요해
- ■ 효율적인 게 좋아
- ☁ 마음을 표현하는 건 부끄러워

- ☑ 어떤 돌발 상황에도 유연하고 침착하게 행동해요.
- ☑ 사람들을 재촉하지 않고 묵묵히 지켜보며 응원해요.
- ☑ 요령을 빠르게 파악해서 효율적으로 행동해요.
- ☑ 열린 사고방식을 갖고 있어서 다른 사람의 생각을 존중해 줘요.
- ☑ 방해받지 않고 자유로움을 만끽하는 것을 중요하게 생각해요.
- ☑ 좋아하는 것과 싫어하는 것에 대한 의욕의 온도차가 큰 편이에요.
- ☑ 주변 사람들의 감정을 알아차리는 것이 서툰 편이에요.
- ☑ 쑥스럽더라도 자신의 마음을 표현하는 노력을 할 필요가 있어요.
- ☑ 나서서 조언하기보다 상대방이 스스로 생각할 수 있도록 지켜보는 편이에요.

ISFP 여진 오빠

가족 속마음
▶ 네 생각대로 해, 난 다 괜찮아
▶ 거절하는 게 어려워
▶ 나 좀 내버려 둬

- ✓ 말보다 세심한 표정, 행동 그 자체로 따뜻한 마음을 전해요.
- ✓ 조용하고 느긋하면서도 끼가 많은 숨은 인기인이에요.
- ✓ 수줍음을 갖고 있지만, 예술적인 낭만이 가득해요.
- ✓ 자신의 의견을 내세우거나 강요하지 않고 따르는 것을 편안해해요.
- ✓ 지루함을 피하고 매 순간 새로운 경험을 하는 것을 즐겨요.
- ✓ 사람들에게 아낌없이 모든 걸 주는 편이에요.
- ✓ 자신의 불편함을 티를 내지 않고 혼자 견디곤 해요.
- ✓ 주변 환경이 바뀌거나 예상치 못한 일이 생겨도 조바심 내지 않아요.
- ✓ 자신의 생각을 솔직하게 말하는 노력이 필요해요.

#예리한관찰력
#최고의선생님
#비범한호기심
#잡담은관심없어

I N T J 민재 할머니

가족 속마음
▶ 모르는 것은 알고 싶어
▧ 내 일은 내가 알아서 해
☁ 나만의 공간을 갖고 싶어

- ✓ 예리하고 통찰력이 있으며 호기심이 뛰어나요.
- ✓ 사람들의 개성을 깊이 관찰하고 분석하는 걸 잘해요.
- ✓ 어떤 것을 할 때 누군가의 도움을 받는 것을 좋아하지 않아요.
- ✓ 생각을 공유하지 않고 혼자 해결하거나 결정을 내리는 편이에요.
- ✓ 약속이나 함께 정한 규칙을 철저하게 지켜요.
- ✓ 자신이 정한 목표를 위해 흔들림 없이 나아가며 실행해요.
- ✓ 다양한 사물이나 현상에 호기심이 많지만 사람에게는 관심이 적어요.
- ✓ 자신이 알고 있는 지식을 뽐내거나 잘난 척하지 않아요.
- ✓ 문제 해결에 도움을 주지만 사람을 위로하거나 공감하는 것을 어려워해요.

#논리정연함
#의외의상담가
#똑부러지는결정
#똑똑한철학자

INTP 은정 엄마

가족 속마음

▶ 사람보다 현상을 탐구하고 싶어
▷ 공감은 어렵지만 들어 줄게
▶ 자유롭고 독립적이게 살자

- ✓ 좋아하는 것에 대해 깊게 탐구하고 차분해서 믿음직스러워요.
- ✓ 자신이 독립적인 만큼 가족도 독립적인 사람으로 성장하기를 원해요.
- ✓ 차분하고 성실하게 대상을 관찰해요.
- ✓ 분석과 추리를 통해 논리적으로 말하는 것을 즐겨요.
- ✓ 이해가 빠르고 대상을 파악하는 통찰력이 있어요.
- ✓ 사람에 대한 관심보다 어떤 일의 현상에 관심이 많아요.
- ✓ 문제를 대신 해결해 주지는 않지만, 현실적인 도움을 주려고 노력해요.
- ✓ 관심사에 집중하다가 물건이나 챙겨야 할 것을 잊어버릴 때가 많아요.
- ✓ 감정에 얽매이지 않은 대답을 잘해서, 의외로 상담가 역할을 하고는 해요.

#다정한사람
#성장의길잡이
#의외의뒤끝
#걱정인형

I N F J 지현 언니

가족 속마음

▶ 결정하는 건 어려워
▶ 네 마음을 알 것 같아
▶ 세상을 넓게 바라보자

 상상력과 호기심이 가득해서 감성이 풍부해요.

 사람들에게 참 따뜻하고 공감하는 마음을 가지고 있어요.

 생각보다 머릿속에 걱정을 많이 가지고 지내요.

 사람들의 관계나 의사소통과 관련된 통찰력이 뛰어나요.

 생각이 풍부하고 다양해서 결론을 내리지 못하기도 해요.

 묵묵히 자기 할 일을 잘 해내고, 그래서 떠올리면 든든해요.

 영화나 소설 속 등장인물에 감정 이입을 깊게 해요.

 이상과 현실의 차이를 받아들이는 노력이 필요해요.

 다른 사람의 마음을 자신의 것처럼 느껴서 힘들어하고는 해요.

#다방면예술가
#마음이여림
#게으른완벽주의자
#순수한몽상가

I N F P 민수 아빠

가족 속마음

▶ 약속 시간을 잘 지키고 싶어
▶ 나는 나를 돌아보곤 해
▶ 예술적으로 나를 표현하고 싶어

- ☑ 가족을 주의 깊게 관찰하고 그들의 이야기에 귀를 기울여요.
- ☑ 사람들의 감정에 눈치가 빠르고 사람들을 따뜻하게 대해요.
- ☑ 풍부한 감성과 미적 감각을 갖고 있으며 취미가 다양해요.
- ☑ 생각한 것을 말로 설명하기보다 직접 만들어서 보여 줘요.
- ☑ 여러 가지 감정을 함께 나누는 것을 좋아해요.
- ☑ 비판에 약하고 쉽게 상처 받아서 혼자서 힘들어 하는 일이 잦아요.
- ☑ 여러 일을 시작하지만 마무리를 잘 못하는 편이에요.
- ☑ 관심사에 몰두하거나 여러 생각을 하느라 새벽에 잠드는 경우가 많아요.
- ☑ 자기만의 높은 기준으로 자신을 평가해서 자괴감에 빠지기도 해요.

#겉과속이같음 #빠른추진력 #목표는이룬다 #책임감있음

E S T J
태우 누나

가족 속마음
- 현실적인 도움이 최고야
- 목표를 이루고 말 거야
- 빠르게 결정하고 행동하자

- ✓ 조직력과 계획력, 추진력을 갖춘 타고난 관리자예요.
- ✓ 책임감이 강하고 성실해서 믿음직스러우며 약속을 잘 지켜요.
- ✓ 공감과 위로의 말을 건네는 대신, 문제를 해결하기 위한 조언을 잘해요.
- ✓ 지킬 수 있는 약속을 하고 똑부러진 모습을 보여요.
- ✓ 활발하고 유쾌해서 장난을 잘 치지만 무례하지 않아요.
- ✓ 뒤끝이 없고 겉으로 드러난 표정과 속마음이 같은 편이에요.
- ✓ 어떤 일이든 공정하고 정확하게 판단하려고 노력해요.
- ✓ 질서와 규칙이 없는 상황을 불편해 하는 경우가 많아요.
- ✓ 효과적인 것을 우선시해서 일의 완성도가 부족할 수 있어요.

ESTP 선미 아빠

#모두의친구 #선입견없음 #에너지뿜뿜 #인생은즐거워

가족 속마음
- 매순간 즐겁게 지내자
- 난 누구와도 친구가 될 수 있어
- 복잡한 생각은 하기 싫어

- ✓ 사람이나 일에 관해서 선입견이 적고 개방적이에요.
- ✓ 힘든 감정을 오래 담아 두지 않으며 긍정적으로 생각해요.
- ✓ 깊이 생각하지 않고 순간의 느낌에 따라 즉흥적으로 행동하기도 해요.
- ✓ 재치가 뛰어나고 유머 감각이 있어서 곤란한 상황의 분위기를 잘 바꿔요.
- ✓ 어떤 일을 할 때 적극적으로 행동하며 에너지가 넘쳐요.
- ✓ 몸으로 행동하는 것을 좋아하며 유머 감각이 있어요.
- ✓ 자신의 입장을 논리적으로 설득력 있게 전달하는 데 능숙해요.
- ✓ 복잡한 생각이나 심각한 문제를 은근슬쩍 넘어가려 하기도 해요.
- ✓ 단조로운 일상이 반복되어도 그 속에서 재미를 찾고 게임하듯 즐겨요.

#분위기메이커

#책임감리더

#봉사의아이콘

#서로사랑하자

E S F J 현욱 할아버지

가족 속마음
▷ 너에게 도움이 되고 싶어
▷ 나 지금 잘하고 있어?
▷ 서로 사랑하며 살자

- ✓ 가족의 감정을 민감하게 알아차리고 따뜻하게 위로해 줘요.
- ✓ 사람들을 위해 무엇인가를 할 때, 행복함과 뿌듯함을 크게 느껴요.
- ✓ 사람들이 서로 사랑하면서 친밀하게 지내는 것을 중요하게 생각해요.
- ✓ 책임감이 강해서 무엇이든 꼼꼼하고 완벽하게 하는 것을 좋아해요.
- ✓ 누구에게나 붙임성이 좋고 사람들에게 도움이 되고 싶어 해요.
- ✓ 삶의 의미와 가치를 탐구하는 주제에 관심이 많아요.
- ✓ 모두가 즐겁고 편안할 수 있도록 분위기 메이커 역할을 잘해요.
- ✓ 자신이 잘하고 있는지, 잘할 수 있는지를 확인 받기를 원해요.
- ✓ 잘하고자 하는 욕심이 크고, 그래서 미리부터 지나치게 걱정하기도 해요.

E S F P 장우 엄마

가족 속마음
▶ 나의 에너지를 나눠 줄게
▶ 심각하게 고민하지 말자
▶ 누구와도 허물없이 지낼 수 있어

- ☑ 나이가 많건 적건 상관없이 모두와 허물없이 즐겁게 지낼 수 있어요.
- ☑ 가족에게 헌신하고 챙겨 주려고 하는 헌신적인 모습을 보여요.
- ☑ 틀에 박힌 것을 싫어하기 때문에 사람들을 엄격하게 대하지 않아요.
- ☑ 자유롭게 선택하고 행동하는 것을 중요하게 생각해요.
- ☑ 좋지 않은 이야기를 들어도 쉽게 털어 내는 유쾌함을 보여요.
- ☑ 호기심이 많고 새로운 경험을 하는 것을 즐겨요.
- ☑ 어떤 상황이나 환경의 변화에도 잘 적응해요.
- ☑ 깊게 생각하지 않고 일을 벌이다가 끝이 흐지부지 되기도 해요.
- ☑ 매 순간 끌리는 느낌대로 행동해서 사람들을 당황하게 만들 때가 있어요.

#솔직한대화

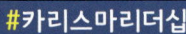
#카리스마리더십

#불공평한건못참아

#추진력대장

E N T J 하영 엄마

가족 속마음

▷ 문제는 스스로 헤쳐 나가자
▷ 논리적이고 솔직한 대화가 좋아
▷ 좋은 결과를 만들고 싶어

- ✓ 분석적이고 논리적으로 대화하는 것을 즐겨요.
- ✓ 자신이 옳다고 믿는 것을 흔들림 없이 유지하는 카리스마가 있어요.
- ✓ 가족이 스스로 문제를 해결할 수 있도록 격려하는 편이에요.
- ✓ 언제나 공정한 판단을 하려고 노력해요.
- ✓ 꾸밈없는 솔직한 대화를 나누며 사람들의 신뢰를 얻어요.
- ✓ 시원시원하고 재빠른 행동력으로 사람들을 이끄는 능력이 있어요.
- ✓ 성취에 관심이 많아서 좋은 결과를 내기 위해 최선을 다해요.
- ✓ 입에 발린 근거 없는 칭찬과 인정은 좋아하지 않아요.
- ✓ 대화할 때 공감보다 논리를 따져서 차가운 느낌을 줄 수 있어요.

ENTP 수현 형

#지루한건싫어
#모험심가득
#말로는나를못이겨
#근거있는고집

가족 속마음
- 내 생각에 확신이 있어
- 당당하고 즐겁게 살자
- 새로운 것에 도전하고 싶어

- ✓ 언제나 새로움을 추구하고, 다양한 활동을 하며 신선함과 재미를 찾아 내요.
- ✓ 도전하는 것을 즐기며 어떤 상황에서도 잘 적응하는 용감함이 있어요.
- ✓ 논리적이고 분석적으로 생각하기 때문에 자신의 생각에 자부심이 있어요.
- ✓ 확실한 근거로 자신의 생각을 말로 표현해서 토론이나 논쟁을 잘해요.
- ✓ 자신의 주장을 꺾지 않는 고집스러운 모습을 보이기도 해요.
- ✓ 가족이 독립적인 생각과 태도를 배울 수 있도록 이끌어요.
- ✓ 지루한 것을 잘 견디지 못하고 유쾌한 일상을 중요하게 생각해요.
- ✓ 자신의 생각에 대한 정당한 비판은 기분 나빠하지 않고 쿨하게 인정해요.
- ✓ 해야 할 일을 미루다가 한꺼번에 몰아서 하고는 해요.

#언어의마술사 #네가즐거우면나도즐거워
#책임감있는감성파 #인정받고싶어

E N F J   하람 아빠

가족 속마음

▷ 뭐든 함께하는 게 즐거워
▷ 칭찬은 나를 춤추게 해
▷ 너는 빛나는 사람이야

- ✓ 사교성이 뛰어나고 말솜씨가 좋아서 사람들에게 인기가 많아요.
- ✓ 사람들이 느끼는 감정을 빠르게 파악하고 이에 관한 공감과 격려를 잘해요.
- ✓ 사람들을 한없이 배려하는 따뜻한 마음의 소유자예요.
- ✓ 일이 막힘없이 흘러갈 수 있도록 효율적으로 관리하는 능력이 탁월해요.
- ✓ 가족에게 관심이 많고 어울려서 함께 노는 것을 좋아해요.
- ✓ 맡은 일에 책임감이 매우 강하고 끝까지 해내려는 끈기가 강해요.
- ✓ 누군가의 말에 쉽게 상처 받는 연약함이 있어요.
- ✓ 남의 일을 자기 일처럼 신경 써서 자신을 잘 돌보지 못할 때가 있어요.
- ✓ 사람들에게 사랑받거나 인정받는 것을 중요하게 생각해요.

#순수한매력
#천진난만함
#느낌이온다
#호기심천국

ENFP 정화 엄마

가족 속마음

▶ 규칙과 규율은 답답해
▶ 느낌 오는 대로 살자
▶ 나에게 좋은 아이디어가 있어

- ✓ 규칙과 틀에 얽매이지 않으며 자유롭고 융통성이 있어요.
- ✓ 사람들의 마음을 민감하게 알아차리고 공감하는 데 뛰어나요.
- ✓ 즐겁고 열정적인 모습이 돋보이며 아이디어가 기발해요.
- ✓ 풍부한 감수성으로 세상을 순수하게 바라보고 천진난만해요.
- ✓ 계획적으로 행동하기보다는 순간의 감정에 따라 자유롭게 행동해요.
- ✓ 무엇을 할 때 '느낌이 온다' 싶으면 머뭇거리지 않는 용감함이 있어요.
- ✓ 해야 할 일을 꼼꼼하게 관리하고 챙기는 것을 어려워해요.
- ✓ 사소한 일에 서운함을 느끼기도 있지만 금방 마음을 풀어요.
- ✓ 이것저것 하고 싶은 게 많아서 우선순위를 정하지 못할 때가 있어요.

MBTI 유형별 다신 어린이 추천 도서

E 외향형

유튜버 흔한남매의
우리말 티키타카!

\#활발함 \#외부환경에집중

I 내향형

내 안으로 떠나는
참된 일등석 여행

\#조용함 \#나의마음에집중

S 감각형

세상에서 가장 쓸모 있는
역사 이야기

\#사실과경험 \#구체적인정보수집

N 직관형

스타를 꿈꾸는 너에게
who? 스페셜 시리즈

\#미래와가능성 \#상상하며정보수집

T 사고형

새로운 개념의
생물학 동화 탄생!

\#원리원칙 \#사실적인판단

F 감정형

디즈니 명작 극장으로
초대합니다!

\#따뜻한마음 \#조화로운판단

J 판단형

엉망진창
휘냥찬란한 수사!

\#목적이분명 \#계획적행동

P 인식형

우당탕탕
구드래곤 승천기!

\#기분이중요 \#즉흥적행동

정식 MBTI 검사 안내

**아이의 가장 자연스러운 모습과
잠재된 가능성이 궁금한 부모님께**

MBTI 성격 유형 검사는 국제적으로 널리 사용되고 있는
전문적인 심리 검사 도구입니다.
인터넷상에서 무료로 검사하는 MBTI 사이트는 정식 검사가 아닙니다.
정식 유료 검사가 필요하다면 아래 QR 코드를 통해 검사가 가능합니다.

자녀 MBTI 검사 +
부모 MBTI 양육 보고서

※ 초등학교 3학년부터 검사할 수 있습니다.
※ 어린이 혼자서 이용할 수 없습니다. 보호자와 상의하세요.

호시담심리상담센터
www.hosidampsy.com | 02-745-1052

이 페이지는 호시담심리상담센터와
마음씨가게에서 운영하는 **심리 상담 전문가
MBTI 프로그램 안내**입니다. 자세한 내용은
QR 코드와 호시담심리상담센터를 통해
확인하세요.

어린이 분야 최초 ✓✓
MBTI 성격 유형 만화 시리즈!

❶ 성격 유형

❷ 친구 관계

❸ 가족 관계

❹ 학습 유형

❺ 진로 선택

시리즈 특징

- 개성 가득한 MBTI 캐릭터들의 이야기를 만화로!
- 권별 주제에 관한 고민을 심리 상담 전문가의 답변으로 해결!
- 유형별 특징, 친구 관계, 가족 관계, 학습 유형, 진로 선택 수록!
- 권별 특별 부록 증정! MBTI 포토 카드, 공부 플래너, 스티커

★ 총 5권 ★